# MARANA THA

T0126775

Per informazioni sulle opere pubblicate
e in programma rivolgersi a:

**Edizioni Terra Santa**
Via Giovanni Gherardini, 5 - 20145, Milano
Tel. +39 02 34592679
Fax + 39 02 31801980
http://www.edizioniterrasanta.it
e-mail: editrice@edizioniterrasanta.it

Marcello Badalamenti

# Non c'è amore più grande
## Rileggendo l'evangelo di Giovanni
### (Capitoli 13-17)

Prefazione di
Frédéric Manns

edizioni terra santa

*Vi ho chiamato amici...*
con affetto ai miei amici!

Finito di stampare nel dicembre 2012
da Corpo 16 s.n.c. - Bari
per conto di Fondazione Terra Santa

ISBN 978-88-6240-156-2

# Prefazione

Il libro di padre Marcello Badalamenti sul *testamento di Gesù nel vangelo di Giovanni* è il benvenuto. Si inserisce in un momento ben preciso della vita ecclesiale, contraddistinto dalla pubblicazione dell'esortazione post-sinodale *Verbum Domini* (2010), che sottolinea l'importanza del quarto Vangelo:

«Per questo, facendomi eco dei Padri, mi rivolgo a tutti i fedeli con le parole di san Giovanni nella sua Prima lettera: *Vi annunciamo la vita eterna, che era presso il Padre e che si manifestò a noi –, quello che abbiamo veduto e udito, noi lo annunciamo anche a voi, perché anche voi siate in comunione con noi. E la nostra comunione è con il Padre e con il Figlio suo, Gesù Cristo* (1Gv 1,2-3). L'Apostolo ci parla di un *udire, vedere, toccare* e *contemplare* (cfr 1Gv 1,1) il Verbo della Vita, poiché la Vita stessa si è manifestata in Cristo. E noi, chiamati alla comunione con Dio e tra noi, dobbiamo essere annunciatori di tale dono. In questa prospettiva kerigmatica, l'Assemblea sinodale è stata una testimonianza alla Chiesa e al mondo di quanto sia bello l'incontro con la Parola di Dio nella comunione ecclesiale. Pertanto, esorto tutti i fedeli a riscoprire l'incontro personale e comunitario con Cristo, Verbo della Vita che si è reso visibile, e a farsi suoi annunciatori perché il dono della vita divina, la comunione, si dilati sempre più in tutto il mondo. Infatti, partecipare alla vita di Dio, Trinità d'Amore, è *gioia piena* (cfr 1Gv 1,4). Ed è dono e compito imprescindibile della Chiesa comunicare la gioia che viene dall'incontro con la Persona di Cristo, Parola di Dio presente in mezzo a noi. In un mondo che spesso sente Dio come superfluo o estraneo, noi confessiamo come Pietro che solo Lui ha *parole di vita eterna* (Gv 6,68). Non esiste priorità più grande di questa: riaprire all'uomo di oggi l'accesso a Dio, al Dio che parla e ci comunica il suo amore perché abbiamo vita in abbondanza (cfr Gv 10,10)».

Per gustare il *testamento di Gesù* non bastano i metodi scientifici abituali. Una riflessione sui sensi spirituali s'impone. I sensi spirituali sono un'esperienza che il credente fa attraverso la fede, perché l'incontro con Dio avviene nella fede, ma è un incontro che s'impone a tutto l'uomo, spirito e corpo. L'esperienza di Dio che l'uomo fa deve essere integrata nell'esperienza sensoriale, altrimenti è ridotta a una dimensione intellettuale che rimane insufficiente a un'esperienza autentica del Dio Vivente che Gesù consegna ai suoi prima di lasciare questo mondo.

Per accogliere la testimonianza di Gesù occorre anzitutto vedere. Giovanni usa vari verbi per indicare la percezione visiva, la contemplazione penetrante della vita di Gesù (*blepô, theoreô, horaô*). I discepoli hanno visto l'uomo Gesù, e i segni che egli ha compiuto. Egli si è fatto vedere nella sinagoga e nel tempio (Gv 18,20). La sua vita ha avuto un carattere pubblico. Giovanni però domanda un vedere penetrante che scopre il senso della persona di Gesù. È un vedere che sotto la superficie sa percepire il livello autentico. Numerosi sono in Giovanni gli esempi di questo vedere: Gv 1,29; 1,32-34; 19,25-27.34-37; 20,8.18; 21,17. Il vedere è un cogliere la realtà di Gesù in ciò che egli ha di più profondo. L'oggetto del vedere è la gloria del Figlio unigenito di Dio (Gv 1,14), è il Padre stesso (Gv 12,45; 14,9). Partendo dall'umanità, dalla carne di Gesù, si arriva alla contemplazione della gloria del Figlio, nel quale risplende la gloria del Padre. È in Gesù che il Padre viene percepito; in lui gli uomini lo possono vedere veramente.

Una visione di questo tipo suppone l'aiuto dello Spirito (Gv 3,3-5), la purezza del cuore (Gv 3,21) e la presenza dell'amore di Dio (Gv 5,38.42). Per comprendere il mistero dell'incarnazione, che raggiunge il suo culmine con la croce e che si prolunga nella Chiesa e nei sacramenti, è necessario lasciarsi istruire dal Padre (Gv 6,44-45).

Il discepolo è anche quello che ascolta il Maestro. Ascoltare in ebraico significa "ascoltare e obbedire" (*shema'*). Gesù è colui che ha visto il Padre, ma è anche colui che lo ha udito (Gv 3,31-32; 8,26.40; 15,15). In modo simile il discepolo è colui che vive nell'ascolto. Chi ascolta la parola di Gesù ha la vita eterna (Gv 5,24). Anche qui bisogna passare da un udire materiale ad un udire spirituale.

Colui che interiorizza nel credente la parola di Gesù è lo Spirito Santo, che Giovanni chiama anche lo Spirito di verità. Lo Spirito Santo non comunica all'uomo una rivelazione nuova, ma aiuta a comprendere la parola detta da Gesù. Gesù è quindi colui che ci fa il dono della rivelazione ed è anche colui che ci dà lo Spirito, perché questa rivelazione possa venir accolta.

L'esortazione post-sinodale *Verbum Domini* (123) mette in rapporto la Parola di Dio con i sacramenti, perché i segni che Gesù ha compiuto sono presenti nella Chiesa:

«Quanto più sapremo metterci a disposizione della divina Parola, tanto più potremo constatare che il mistero della Pentecoste è in atto anche oggi nella Chiesa di Dio. Lo Spirito del Signore continua ad effondere i suoi doni sulla Chiesa perché siamo condotti alla verità tutta intera, dischiudendo a noi il senso delle Scritture e rendendoci nel mondo annunciatori credibili della Parola di salvezza. Ritorniamo così alla Prima lettera di san Giovanni. Nella Parola di Dio, anche noi abbiamo udito, veduto e toccato il Verbo della vita. Abbiamo accolto per grazia l'annuncio che la vita eterna si è manifestata, cosicché noi riconosciamo ora di essere in comunione gli uni con gli altri, con chi ci ha preceduto nel segno della fede e con tutti coloro che, sparsi nel mondo, ascoltano la Parola, celebrano l'Eucaristia, vivono la testimonianza della carità. La comunicazione di questo annuncio – ci ricorda l'apostolo Giovanni – è data perché *la nostra gioia sia piena* (1Gv 1,4)».

Auguro ai lettori del libro di fra Marcello Badalamenti di aprirsi a queste ricchezze della Parola di Dio.

Frédéric Manns ofm
*Studium Biblicum Franciscanum*
*Gerusalemme*

# Introduzione

Già i santi padri riferendosi all'evangelo di san Giovanni ne tessevano le lodi additando l'evangelista, fratello di Giacomo e figlio di Zebedeo (cfr Lc 5,10; Gv 21,2), come il discepolo amato che scruta l'Amore, come il sommo teologo, come l'aquila che spicca il volo nelle altezze del Mistero, e, di conseguenza, il suo scritto come il "Vangelo teologico", il "Vangelo del comandamento dell'amore", il "Vangelo dei segni", il Vangelo del "testamento spirituale di Gesù". Il Vangelo che, nei *simboli* che annunzia, ci rivela il Mistero stesso di Dio; nelle pericopi che presenta ci dona un vero itinerario di fede che ha la pasqua come fonte e fine di ogni risposta di fede. Eloquente la testimonianza di Origene: «Nessuno come Giovanni ha osato dare una rivelazione altrettanto pura della divinità del Signore. Bisogna osare dirlo: i vangeli sono il compimento di tutta la Bibbia, il vangelo di Giovanni è il compimento dei vangeli. Non c'è alcuno che possa afferrarne il senso se non ha riposato sul petto di Gesù, se non ha ricevuto da Gesù Maria, in modo che ella sia divenuta anche madre sua»[1].

Pur dunque nella consapevolezza di un arduo compito, visto lo spessore mistico e storico insieme del Vangelo, presento, in queste brevi meditazioni, il cuore del Vangelo stesso, nei significativi capitoli 13-17, il discorso d'addio, il testamento, la preghiera sacerdotale. Questi e tanti altri titoli

---

[1] Origene, *Commento al Vangelo di Giovanni* 1,6, in PG 14,30-31.

sono stati dati a questi 155 versetti; sia per la trama che per le parole usate, ci troviamo dinanzi alle ore decisive e più drammatiche di tutta l'esistenza del Salvatore da saper leggere con sentimenti di vera partecipazione e di conseguente *patos* al di là di sdolcinate considerazioni. Leggere e meditare queste pagine ci pone dentro il nesso teologico del Vangelo stesso che è tutto ritmato di gloria, consapevolezza e padronanza di sé nei fatti, consapevole guida della storia, che Gesù ha, annunzia, ripone, nel suo amore verso il Padre, e rivela come "stile" di risposta nella fede per ogni cristiano.

Se siamo dinanzi alle "confidenze" del Maestro queste vengono accolte da tutta la Chiesa, da ogni credente, con quello stesso amore che le parole nascondono e che ci ricordano che *non c'è un amore più grande*. Un amore che dona la vita, un amore che si sorprende per gli altri, un amore che non richiede contraccambio, un amore che non paventa espressioni inutili, un amore che diviene esempio e sprone – *come ho amato voi, così amatevi*. Siamo invitati, nella lettura di queste semplici meditazioni, non solo a sostare ma volutamente a farci coinvolgere, a ritrovare, nel caos della frenetica vita che molte volte conduciamo, quella necessaria oasi di silenzio e di verifica che la Parola di Dio sempre nasconde ma che chiede a ciascuno di noi di porre in atto, con determinazione, coraggio, costanza e amore.

La Chiesa oggi con forza richiama la necessità di andare alle Scritture, di leggere e meditare il Vangelo, di "nutrirsi" della Parola di Dio come l'essenziale manna per una vita di fede che si fortifichi e sappia trovare quelle risposte alle sfide della società post-moderna; queste pagine vogliono essere soltanto uno stimolo, certamente a riprendere il Vangelo quotidianamente tra le mani ma, ugualmente, a coglierne quelle sfumature di vita per il nostro quotidiano testimoniare la fede.

Troppo spesso la risposta di fede diviene solo retaggio di ricordi del passato senza divenire imperativo per agire nel presente e spinta di speranza per costruire il futuro. Vivendo in Terra Santa, e toccando con mano luoghi e pietre che testimoniano che il Vangelo è vivo, riandiamo al Cenacolo come a quel simbolico/reale luogo che ancor oggi è la riprova di quelle contraddizioni che sembrano non finire mai in questa Terra, santa e martoriata. Direi un luogo simbolo di una presenza cristiana succube delle prepotenze politiche e di un'endemica incapacità a percorrere itinerari di pace che più che voluti siano, il più delle volte specie in questi ultimi anni, proclamati come slogan vuoti e, dunque, inefficaci.

Il Vangelo della pace – *vi do la mia pace... non come la dà il mondo io la dono a voi* – che ascolteremo tra l'altro in questi versetti, ricordi all'umanità che la pace è Cristo; e che l'averci donato la sua vita attua, per ogni uomo e donna di buona volontà, quella pace che al di là degli impegni degli uomini divenga vera professione di fede nello *shalom* biblico. Tramite il Vangelo possiamo divenire quel punto d'incontro per costruire la pace dentro il cuore di ogni uomo, in un impegno che vada dai più piccoli a coloro che hanno responsabilità in tutti i campi e gli ambiti. L'utopia della pace possibile non diventi un romanzo senza fine ma, e la fede lo attesta, diventi la forza di una testimonianza, coraggiosa e costante, che aiuti tutti, specie coloro che sono tentati dalla sfiducia, dalla ribellione e dalla violenza, a crescere nella paziente tessitura di quel cuore nuovo che alberghi nelle nuove generazione e gridi, per tutti e per ciascuno, pace, giustizia, perdono, riconciliazione, amore.

All'inizio di ogni capitolo è riportata un'immagine del Cenacolo, dove sono ambientati i capitoli 13-17 dell'evangelo di Giovanni (foto MAB).

# Evangelo di Giovanni
## Capitolo 13

> Prima della festa di Pasqua, sapendo Gesù che era venuta la sua ora per passare da questo mondo al Padre, avendo amato i suoi che erano nel mondo, li amò fino alla fine.
>
> GIOVANNI 13,1

La festa di pasqua. Il ricordo della festa più importante per il credente ebraico. Il memoriale che diviene per Gesù il ricordo che contrassegna tutta la sua esperienza terrena. Fin dall'inizio della sua esistenza la sperimenta come un momento importante. Come non ricordare il suo andare a Gerusalemme ogni anno per la festa di pasqua (cfr Lc 2,41) che divenne preludio di ciò che la sua vita stessa testimonierà costantemente: occuparsi delle cose del Padre (cfr Lc 2,49), unico "cibo" con cui sostentare il quotidiano (cfr Gv 4,34)?

Questa che adesso si accinge a celebrare con i suoi discepoli sarà "l'ultima" pasqua (cfr Lc 22,14) che inaugurerà, per noi che la riceviamo come dono inestimabile e unico, i tempi nuovi della pasqua eterna che si realizzerà un giorno nel compimento della Storia.

Il cuore di Gesù è colmo di ricordi, di immagini chiare che evocano incontri, parole, avvenimenti. Siamo dinanzi a un'esistenza spesa per amore che dice all'umanità che significato ha il celebrare la pasqua; non un rito di altri tempi, ma un rito che, affondando le sue radici nella Storia, diviene, per opera del soffio del dito di Dio, il suo Spirito d'amore, contemporaneo a noi, presente ed operante nella storia che conduciamo.

Un rito che ci coinvolge, che coinvolge la vita di ciascuno di noi con la vita stessa di Cristo. Un rievocare, anche per noi e per la nostra esperienza di sempre, parole, gesti, profumi, cibi, preghiere, che nascondono l'arcano e ci fanno toccare l'impossibile.

Lo struggersi di Gesù per "questa" pasqua si comprende nella solennità del momento che è compimento della sua stessa vita e dell'intera storia d'Israele e dell'umanità.

Proprio per questo potrà dire, con emozione e partecipazione a coloro che ormai sono la sua nuova famiglia – i Dodici –, alcune parole che sono di testamento ma che ugualmente si aprono a riconoscere, in quello che Gesù si accinge a fare, lo stesso Mistero di Dio che rimane: *Ho desiderato ardentemente di mangiare questa pasqua con voi prima della mia passione* (Lc 22,14).

In questo versetto iniziale della sezione dell'evangelo di Giovanni sulla pasqua, Gesù evoca la profonda intenzione di una pasqua che svela il suo vero senso nel gesto d'amore del donare la vita. Lui, che fin dall'infanzia celebra la pasqua secondo le indicazioni della Torah, oggi ricorda a se stesso e agli astanti che è arrivato il momento tanto atteso di una pasqua nuova, diversa, che segnerà il modo di celebrare questo antico rito dandone un respiro "cristiano".

Siamo al momento decisivo, siamo al cuore del percorso della vita di Gesù. La sua "ora" è giunta. L'ora della Storia. L'ora attesa dalle generazioni di Israele, l'ora che trasforma il corso della Storia e dell'umanità.

Gesù sa che è giunta la sua ora, la fatidica ora che lo farà *passare da questo mondo al Padre.*

Nell'ora del "passaggio" – pasqua significa appunto "passare oltre" – dal tempo all'eternità senza tempo, dalla vita terrena a quella eterna, Gesù, adempiendo la volontà del Padre suo, svela il senso recondito di ciò che la pasqua contiene in sé e che si traduce in una semplice parola: amore/ *agape.*

*Avendo amato i suoi che erano nel mondo, li amò fino alla fine.* La pasqua di Gesù, come la pasqua del cristiano, non si può comprendere se non nella logica dell'amore. Un amore che si esprime fino alle ultime conseguenze, un amore che esprime la verità di ciò che la parola stessa nasconde: donarsi fino alla fine, essere dono per l'altro, in tutto e per tutto, appunto per amore.

Ogni opera d'arte sulla pasqua – quadro, scultura, composizione musicale, poetica o letteraria – ha al centro e in primo piano Gesù; basta ricordare l'indimenticabile "cena" di Leonardo, ma questo "primo piano" dice a noi che abbiamo dinanzi non una figura astratta, bensì la persona stessa di Gesù, i suoi sentimenti, le sue intenzioni, i suoi desideri. Il Vangelo ce li ricorda e ci pone dentro di essi per ricordare a ciascuno di noi che la pasqua è la festa dell'amore, del donare la vita, del passaggio, della vita e della morte che si aprono alla vera vita, eterna e felice.

Leggendo il Vangelo ci accorgiamo che il racconto relativo alla pasqua di Gesù, alla sua ultima settimana, ai suoi ultimi giorni, si pone, in proporzione, come la parte più estesa, con una serie di particolari ricchi e minuziosi che ci rendono partecipi di tutto un insieme di avvenimenti che è insieme drammatico ed unico.

Credo che proprio all'inizio di questo "cammino pasquale" dobbiamo interrogarci sul significato che la pasqua ha per ciascuno di noi: certo, una festa annuale che si rinnova, ma, fondamentalmente, un evento che ha cambiato, cambia e cambierà sempre più il nostro rapportarci col Signore Gesù.

Sempre l'apostolo Giovanni, nella sua Prima lettera, direi che traccia il nesso consequenziale tra una pasqua celebrata e una pasqua vissuta che ogni cristiano, che vuole vivere da uomo pasquale, non può che porre come punto di riferimento della propria risposta di fede.

*Abbiamo conosciuto l'amore di Dio: Egli ha dato la sua vita per noi; quindi anche noi dobbiamo dare la vita per i fratelli* (1Gv 3,16).

Penso che non ci possano essere espressioni più eloquenti che ricordino, a tutti noi, che la pasqua è un dono da accogliere e ugualmente da donare. Una vita donata, accolta, vissuta, spesa per amore.

Quando allora abbiamo la tentazione di fare della pasqua un rito che si accontenti di ricordi del passato, che non ci coinvolga più di tanto o che si ponga come sollecitazione dei nostri, pur nobili, sentimenti, non scalfendo la vita di ogni giorno, qualora la pasqua sia questo ricordiamoci le parole di Gesù, del suo donare la vita, e di contro l'impegno del cristiano che vive nella sua – di Gesù – pasqua, cioè quello di donare a sua volta la sua vita per amore.

Gesù ama. Termina questo primo versetto del capitolo tredicesimo dell'Evangelo: *Li amò fino alla fine*.

Non possiamo che leggere in una duplice valenza questa espressione.

Gesù, il figlio di Maria di Nazaret, il Maestro e Signore, si pone nella vita terrena, rispondendo al volere del Padre, in un'offerta d'amore che proprio nella celebrazione della "sua" pasqua volge alla fine l'esistenza. Il *fino alla fine*, dunque, significa fino al termine della sua vita, fino a donare tutto se stesso, fino alle estreme conseguenze del "suo" donarsi: morendo per noi sulla croce.

Ma, ugualmente, non possiamo che intravedere in questa espressione un carattere temporale, che travalica il contingente spazio/tempo della vita di Gesù. *Fino alla fine*: cioè li amò con tutto se stesso sempre, fino alla fine del tempo e della Storia, oggi e ogni giorno. Richiamando l'espressione finale dell'evangelo di Matteo: *Ecco io sono con voi tutti i giorni, fino alla fine del mondo* (Mt 28,20).

L'amore di Gesù è unico ed eterno, si pone nel tempo, nella sua storia terrena, ma ugualmente la travalica ponendosi, oggi e sempre, nel nostro tempo, nella nostra storia.

Durante la cena, quando il diavolo aveva già posto in animo a Giuda di Simone Iscariota di tradirlo, sapendo che il Padre aveva messo tutto nelle sue mani e che da Dio era uscito e a Dio ritornava, si alzò da tavola, depose il mantello e, preso un panno, se ne cinse.

GIOVANNI 13,2-4

Non abbiamo motivo di dubitare, alla luce delle parole dell'Evangelo, che la piena consapevolezza delle scelte di bene o di male è espressione della libertà dell'uomo. Una libertà che se si affranca dal volere di Dio diviene, conseguentemente, adesione al progetto del maligno.

Il diavolo è all'opera, in questi versetti ci viene presentato come prepotentemente in azione, come è il suo stile: il tradimento di Giuda ci viene ricordato come un monito, direi quasi necessario, nel momento così intimo e solenne della cena pasquale: *Durante la cena*.

Questa frase, *en passant*, avremo ancora modo di incontrarla in questi versetti iniziali del capitolo tredicesimo del vangelo di Giovanni, come un ritornello che non può essere dimesso, distorto, dimenticato; no, succede tutto in quella notte, succede tutto durante la cena: santa, drammatica, unica.

Gesù sta per compiere il gesto più eloquente, espressivo, chiaro del suo essere Messia-Servo, gesto che le parole evangeliche ci presentano come una "eucaristia" – rendimento di grazie – donataci: come gesto d'amore. Un gesto che è servizio, che è espressione dell'amore del Padre verso i suoi figli, che è compimento di una vita spesa per gli altri.

Se ricordiamo le parole che i sinottici – gli altri evangelisti, Matteo, Marco e Luca – ci tramandano in questo frangente, ritroviamo quasi la stessa cadenza espressiva che se da un lato esprime l'importanza del momento, del gesto e conseguentemente della ritualità dell'evento, dall'altro rivela i sentimenti, i desideri, i pensieri di colui che li compie: Gesù e il Padre in lui.

Ricordiamo infatti come a noi tanto familiari le espressioni: *Prese un pane, rese grazie, lo spezzò e lo diede loro...* (Lc 22,19).

Ugualmente nella versione giovannea ritroviamo la stessa cadenza e solennità nelle espressioni: *Si alzò da tavola, depose il mantello e, preso un panno, se ne cinse* (13,4).

Siamo nel medesimo momento presentato in una duplice valenza, una rituale e l'altra esistenziale, a ricordare a tutti noi, che ancora oggi ripetiamo quelle espressioni, che non vi può essere sacramento dell'eucaristia senza un pane e un vino che diventano Corpo e Sangue del Signore, ma ugualmente che non vi è sacramento senza vita conseguente, senza servizio, senza una vita spesa per amore, sull'esempio proprio del servo sofferente che dona la sua vita per la salvezza dell'umanità.

È importante comunque notare che tutto ciò, ci viene ricordato, si compie in sintonia con la volontà del Padre, obbedienti al suo volere, un volere che si pone nella Storia nella sintonia del dono: un figlio donatoci, un figlio che si dona, un figlio incarnatosi, un figlio che muore e risorge, un figlio obbediente, un figlio che ha in se *tutto nelle sue mani*, come ci ricorda il Vangelo.

Un figlio che in una parabola di mistero passa dall'eternità al tempo e dal tempo all'eternità, un figlio che viene, ritorna, si attende: nascita, ascensione e glorificazione, ritorno glorioso.

Espressioni cariche di mistero che hanno bisogno di uno sguardo adorante per essere comprese nella frenesia dei nostri giorni, così desiderosi di risposte immediate e chiare.

Espressioni gravi che vogliono comunicarci qualcosa dello stesso Mistero di Dio: *Sapendo che il Padre aveva messo tutto nelle sue mani e che da Dio era uscito e a Dio ritornava.*

Anche noi ogni qual volta ci poniamo dentro il mistero della pasqua di Cristo, che si rinnova nella celebrazione eucaristica, oltre a non poter dimenticare la forza di un servizio che nasce dall'amore, non potremmo mai dirci "celebranti e partecipanti" a questo rito se non ci ponessimo nella stessa logica di Gesù.

Una logica di servizio, di obbedienza, di luce e di tenebre in lotta tra loro, di vita e di morte, come da secoli la Chiesa canta il giorno di pasqua: *Mors et vita duello conflixere mirando: dux vitae mortuus regnat vivus.* Morte e vita si sono affrontate in un prodigioso duello. Il Signore della vita era morto; ma ora, vivo, trionfa!

La logica della pasqua ha sempre l'ultima parola nell'*Alleluia* della gioia del Risorto che con i segni del suo riscatto appare alla Chiesa, e rimane presente nei segni sacramentali e nei cuori dei fedeli.

Sembra tutto così risaputo, forse abitudinario e, perché no, standardizzato! Ricordiamo che *tutto è nelle sua mani*, che tutti noi siamo nelle sue mani, che la vita e la morte sono nelle sue mani, che il tempo e la storia sono nelle sue mani!

Rinnoviamo la nostra poca fede e chiediamo sempre più luce, forza, coraggio, per poter accogliere la straordinaria novità di una parola dell'Evangelo che vuole accompagnarci dentro il mistero pasquale di Gesù e vuole farci celebrare le "nostre" eucaristie con sapienza e amore e mai con abitudine e dovere.

Un ultima parola sull'opera del divisore che pone nel cuore di *Giuda di Simone Iscariota di tradirlo*. Nonostante tutto, nonostante il male, il rifiuto dell'amore, il peccato dell'uomo, Gesù ci insegna che è lui, e rimane lui, il vincitore. Vincitore crocifisso, ma glorioso. Il diavolo non potrà mai avere l'ultima parola, né sull'uomo, né sulla storia, né sul cosmo. Ciò è vera professione di fede, come ripetiamo ogni domenica: il suo regno non avrà fine!

Che questo ci serva di lezione per i nostri piagnistei che non sono capaci di guardare mai oltre il nostro naso e scorgere invece, sempre e comunque, Dio all'opera in noi, nel nostro oggi, nella nostra storia, nel tempo in cui viviamo.

Il rifiuto, che nella sovrana libertà l'uomo può anche oggi tributare a Dio, si pone, dice il testo, *in animo*, nel cuore. Luogo che va al di là dei proprio sentimenti per rivelare l'essenza della stessa persona. Nel profondo di noi stessi il maligno opera, istiga, propone, tenta. Ma ricordandoci, tutti quanti, queste forme verbali, sono a noi legate le possibilità che... arrivino al "sì" o al "no" del suo operare.

Se *il diavolo aveva già posto in animo a Giuda di tradirlo*, significa che l'Apostolo, scelto e amato, ha fatto già la sua scelta: a noi il non imitarlo e porci, diversamente, alla sequela amorosa del Maestro.

> Versò dell'acqua nel catino e incominciò a lavare i piedi dei discepoli e ad asciugarli con il panno del quale si era cinto.
>
> GIOVANNI 13,5

Gesto umile, dimesso, consueto per uno schiavo nei confronti del proprio padrone, che diviene strano, rivoluzionario, incomprensibile, scandaloso, se compiuto dal Maestro nei confronti dei suoi discepoli.

Un gesto nuovo da accogliere più che da comprendere.

*Versò dell'acqua.* Un gesto di purificazione.

*Incominciò a lavare i piedi ai suoi discepoli.* Un gesto di servizio.

*Ad asciugarli con il panno del quale si era cinto.* Un gesto d'amore.

Immediatamente, a primo acchito, è difficile porsi nella logica del servizio, e non certo per incapacità, ma direi, quando questa riguarda il "Dio con noi", per un certo senso di sconcerto misto a insofferenza e ritrosia. Dio non può servire, Dio deve essere servito!

Ma dopo tutto, se ci pensiamo bene, e affermerei anche con un po' di perspicace intelligenza, il nostro Dio è così. Gesù ha scelto questa "via": il volere del Padre in lui, facendosi carne nella povertà di Betlemme e nell'ancora più estrema povertà della nostra natura umana, attesta e non può che farci accogliere questa scelta divina come la scelta di Dio per noi.

La cosa è talmente inaudita che infatti, per chi non crede in Gesù, Figlio di Dio e Figlio dell'uomo, non rimane che il rifiuto, l'increscioso e fastidioso pensare a un Dio così "umano" e a un uomo così "divino".

Il nostro Dio, l'onnipotente e il "tre volte santo", si fa, in Gesù di Nazaret, servo, servo per amore. Un servo che si dona, che dona la sua stessa vita per amore, che ama donando se stesso senza attese di contraccambi umani o di ricompense altre. Una "via", percorsa e proposta, che se è sua, di lui Maestro e Signore, non può che ugualmente essere nostra, dei suoi discepoli e amici (cfr Gv 13,14).

Molte volte diciamo con ragione che non potremmo mai immedesimarci in una situazione se non l'abbiamo in qualche modo vissuta, sperimentata, "incarnata". Direi che non potremmo mai comprendere, e dunque vivere, la dimensione del servizio insegnataci da Gesù se non sperimentando l'essere schiavi per amore; il che non significa prendere i panni dei "paria" della società e indossarli per l'occasione, bensì sperimentare quell'amore di Dio per noi, che si è fatto vicino in Gesù di Nazaret e in lui in ogni uomo di buona volontà.

Lo sperimentare l'amore di Dio, che è un amore che si è fatto servizio, diviene la riprova della possibilità e della capacità, grazie a lui, di poter vivere questa dimensione anche nella nostra vita. Ne è riprova la testimonianza di grandi figure di santità che si sono inabissate in questo amore, con una vita di profonda intimità con Dio, che si sono spese in modo eroico, arduo, nuovo, strano e a volte fastidioso per la sua chiarezza nell'essere controcorrente; che si sono spese nell'amare i fratelli, nello stare con loro, nel vivere e soffrire per loro, per accoglierli come dono di amore.

Figure come Francesco d'Assisi, Filippo Neri, Vincenzo de' Paoli, Massimiliano Maria Kolbe, Madre Teresa di Calcutta, sono da noi tutti ben conosciute; figure che affascinano ma che disturbano il nostro quieto vivere se veramente le prendessimo come esempio di vita.

La logica di Gesù, confessiamolo con rispetto, è veramente molto diversa dalla logica del mondo, della quale molte volte siamo inficiati in modo indelebile; logica, quest'ultima, fatta di arrivismo, arroganza, sopraffazione, orgoglio, potere. Molte volte anche dentro la comunità cristiana stentiamo – e a tutti i livelli – a sperimentare, accettare, vivere la dimensione dell'essere dono per amore. Molte volte stentiamo a fare nostra non l'attesa di chi lavi i nostri piedi, ma la vocazione al servizio che ricorda che bisogna lavare i piedi per amore e con amore. Un lavare i piedi che ci fa ritrovare fratelli tra fratelli, anche se ognuno con una propria vocazione e mansione, e che ci accomuni in questo spirito di servizio sulle orme di colui che, per primo, *versò dell'acqua nel catino e incominciò a lavare i piedi dei discepoli e ad asciugarli con il panno del quale si era cinto.*

Vi è bisogno di un lungo cammino, di una fede adulta e provata, di una preghiera assidua e profonda, perché la logica di mente e di azione del Maestro e Signore che lava i piedi ai suoi discepoli e amici si compia anche nella nostra vita e nella vita di ogni membro della comunità cristiana.

Costatiamo tanta dissonanza tra le parole e le azioni/scelte di Gesù e le nostre. Con umile costatazione bisogna dire che abbiamo bisogno di piegare le ginocchia e sperimentare l'amore del Padre che nel Figlio-Servo si fa umile amore che lava i piedi e ci vene incontro, ci lava i piedi e li asciuga come segno del suo amore preveniente e sconfinato; incantanti da questo gesto, che non può che farci scoprire il nostro "cuore di carne", impareremo la logica dell'amore che accoglie e perdona.

Sant'Ambrogio ha una pagina indimenticabile che ricorda come l'acqua che ci serve per lavare i piedi dei fratelli debba essere quella delle nostre lacrime di pentimento, mentre il panno la veste nuova che, ricevuta nel battesimo, ci ricordi quello che siamo: figli di Dio nel Figlio di Dio, al fine di non smarrire la via del servizio d'amore che deve caratterizzare sempre la vita del cristiano.

Quel "panno cinto" ci ricorda la necessità del grembiule/ servizio che non sia allora qualcosa da fare o da dire, e nemmeno uno stile da addurre, ma sia, unicamente e sempre, la nostra stessa vita.

> Arrivò dunque a Simon Pietro. Gli disse: «Signore tu mi lavi i piedi?». Gli rispose Gesù: «Cio che io faccio, tu ora non lo sai; lo comprenderai in seguito». Gli disse Pietro: «Non mi laverai i piedi. No, mai!». Gli rispose Gesù: «Se non ti lavo, non avrai parte con me». Gli disse Simon Pietro: «Signore, non solo i miei piedi, ma anche le mani ed il capo». Gli disse Gesù: «Chi ha fatto il bagno non ha bisogno di lavarsi se non i piedi, ed è tutto mondo; e voi siete puri, ma non tutti».
>
> GIOVANNI 13,6-10

*No, mai!... Signore non solo i piedi, ma anche le mani ed il capo.* Le parole di Pietro sono il reale "spaccato" della sua personalità che passa dall'essere infuocata all'essere dolce, consapevole che, ancora una volta, si è fatto prendere dall'impeto e dall'istintività.

Dico sempre, e in primo luogo a me stesso, che non c'è più verità d'uomo che Pietro non manifesti e ricordi a tutti noi, facendoci sentire vicini, partecipi e quasi riflessi nel "primo" degli Apostoli.

Dapprima il fermo rifiuto: *No, mai!*, certo dettato dalla consapevolezza di avere dinanzi il Maestro, il Signore. Come posso farmi lavare i piedi dal mio Maestro, come posso accogliere un gesto da schiavo da lui che è il Signore? Di certo reazioni, pensieri, atteggiamenti più che logici, conseguenti; sì, chiamiamoli anche istintivi ma ben supportati da quella consapevole certezza di trovarsi dinanzi a Gesù, il Messia atteso. *Tu sei il Cristo!* (cfr Mc 8,29). Lo aveva attestato, professato, anche se sotto l'azione dello Spirito in lui... dunque? La logica umana ci impone, diremmo, una tale reazione, è normale, quasi necessaria.

Lo stare accanto a Gesù ha comunque dato la possibilità,

ai suoi discepoli e amici, di scoprire una realtà ben diversa di Messia; ribadendo e ripresentando quel Messia-Servo che già i profeti avevano annunziato, ricordando la sua sorte di rifiuto e di morte che si coronerà con la risurrezione: espressioni e richiami che sfuggono, non si comprendono, si dimenticano perché troppo strani, nuovi, incomprensibili.

Sì, quest'episodio culmine della sua vita vuole di certo ricordare a tutti i futuri cristiani che bisogna stare molto attenti a non fare del Vangelo – della persona di Gesù – un luogo comune, un concetto, qualcosa di ben compreso e strutturato, stereotipato nei nostri modi di vedere, abilmente consuetudinario. Lo ricordiamo, e lo vogliamo ricordare con estrema verità: Gesù è ben diverso da quello che noi abbiamo compreso, capito, di lui stesso! Sì, confessiamolo, Gesù la pensa in modo molto diverso da noi!

Direi quasi una stupidaggine, ma quanta verità nasconde invece... noi dobbiamo porci nella sua diversità; è necessario, determinante, impellente, porsi nella sua diversità.

*Non avrai parte con me.* L'espressione del Maestro e Signore diviene un monito d'amore per Pietro, ma anche per tutti noi: se non ci si pone nella sua sintonia d'amore – così nuova e ugualmente così affascinante – non si potrà essere dei "suoi", il "non aver parte" proprio questo ricorda, il porsi nella sua confidente cerchia, nella cerchia di chi accoglie la sua novità d'amore.

Pietro lo capisce e, come sempre, va oltre nel tentativo di riparare al suo frettoloso entusiasmo, dicendo chiaramente che è pronto a farsi lavare anche piedi, mani e capo.

Comunque sia, il senso diviene chiaro: bisogna, come ricorderà con altrettanta chiarezza l'apostolo Paolo, porsi nella sintonia con Gesù, avere i suoi stessi sentimenti (cfr Fil 2, 5). Porsi nella sintonia del suo essere, fare, volere, perché il vivere cristiano non sia un appartenere a "una" religione in cui basti credere a dei dogmi e comportarsi secondo alcune regole morali condivise... No, l'essere cristiani significa essere e vivere una vita nuova, diversa: la vita di Cristo, il vivere in Cristo, l'essere con Cristo.

Abbiamo bisogno, mi si permetta, che il Signore stesso ci ricordi che l'essere cristiani si pone non nelle tante cose da fare bensì nell'essenziale del nostro essere, cioè nella nostra identità, da cui deriva ogni cosa che possiamo adempiere.

Emblematicamente, il richiamo al servizio da parte del Maestro e Signore, che il gesto del lavare i piedi nasconde, mette a nudo i possibili fraintendimenti di una vita cristiana fatta di osservanze esteriori e di regole a cui essere fedeli, dimenticando invece che tutto nasce dall'esperienza d'amore che ciascuno può vantare, nell'avere incontrato il Signore Gesù, servo per amore dell'uomo, di ciascun uomo, di ciascuno di noi.

Le ultime espressioni di questi versetti richiamano il gesto del lavare i piedi che attesta l'essere mondi: *Chi ha fatto il bagno non ha bisogno di lavarsi se non i piedi, ed è tutto mondo.* Essere mondo, puro, cioè ben accetto al Maestro. Gesù accetta tutti, infatti lava i piedi anche a Giuda. Non per nulla conclude la frase con le parole: *E voi siete puri, ma non tutti.*

Gesù sa bene che cosa lo aspetta, anzi proprio nel momento così solenne e decisivo lo ricorda, lo richiama; ma ben possiamo comprendere che lo ricorda e lo richiama specie per i suoi, specie, nel caso particolare, per lui, per Giuda stesso!

Il richiamare le forze avverse che, tramite l'uomo che le fa proprie, scatenano il buio dell'ora delle tenebre, diventa il retaggio che porterà lui stesso, il Signore e Maestro, a donare la vita venendo ucciso sulla croce.

Accogliamo gli scatti umorali di Pietro, che sono di rivalsa e di sottomissione, che, come in ogni umanità che si dica tale, vengono allo scoperto con naturalezza e passionalità. Sono molto più graditi a Dio che l'oscurità di chi trama il male nella penombra credendosi nascosto ma che, dinanzi alla luce che non tramonta, non potrà che venire allo scoperto.

La luce divina che scruta ogni cosa, anche le profondità dell'abisso del cuore umano, possa "far ripensare" chi progetta il male e possa portarlo sulla strada della verità e della vita. Sappiamo che questo non avverrà per Giuda che, seppur pentito, andrà a impiccarsi, come dice il testo del Vangelo (cfr Mt 27,3-5), ma questo di certo non ci fa mai dubitare dell'infinita misericordia di Dio, che è sempre e comunque infinitamente più grande del peccato dell'uomo.

> Sapeva infatti chi stava per tradirlo; per questo disse:
> «Non tutti siete puri».
>
> Giovanni 13,11

Credo che divenga umanamente tragico il porsi dinanzi a chi ti sta consegnando al carnefice con quella piena consapevolezza, dettata da un amore grande, che vorrebbe salvare il traditore e non salvarsi dal tradimento. Ha una valenza di un abisso interiore umanamente invalicabile l'espressione dell'Evangelo: *Sapeva infatti chi stava per tradirlo!*

Dinanzi alla morte siamo dinanzi alla tragedia dell'uomo che non vorrebbe affrontarla per paura dell'ignoto, ma che ugualmente sa bene che essa è la sola porta che fa arrivare alla meta attesa e desiderata. In Gesù questo travaglio si fa ancora più "passione" visto che la sua morte significherà la reale defezione di uno dei Dodici, uno di coloro che lui stesso, con sguardo d'amore e di predilezione, aveva scelto; una defezione che pone nella mestizia questi momenti di addio che sono un parlare cuore a cuore con coloro che amava.

Gesù comunque sa ma non contravviene, non fugge dinanzi agli avvenimenti che inesorabilmente si avvicinano; difatti, come abbiamo visto, è giunta la sua ora, attesa e da vivere fino in fondo. Non fugge, non va altrove come altre volte era successo (cfr Gv 8,59; 10,31), va incontro agli eventi, coscientemente, consapevolmente, liberamente;

tutto ciò carica ancor più di spessore l'evento: *Ho desiderato ardentemente mangiare questa pasqua con voi, prima della mia passione, perché vi dico: non la mangerò più* (Lc 22,15-16).

Il mistero dell'iniquità (cfr 2Ts 2,7) fa da sfondo alla cena pasquale del Maestro con i suoi discepoli, quasi a ricordarci che non possiamo estrometterlo dalla nostra condizione umana. Il male è e rimane una realtà che inficia l'uomo, lo rende caduco, lo mortifica; tutto ciò ci fa toccare con mano non un male astratto ma il male scelto, voluto, progettato. Il male non è una fantasia di altri tempi, un mito di ricordi ancestrali... La condizione umana, in quanto tale, deve fare i conti, mi si permetta l'espressione, col male.

Il cristiano, come Gesù stesso, deve fare i conti con il maligno; Gesù, come dice il Vangelo, ha il potere di controbatterlo, di sconfiggerlo, di annientarlo, di vincere le forze del male, ma proprio ciò, nella logica dell'amore, significa un morire per vivere in eterno. Un morire a se stessi, al proprio "io" orgoglioso e ribelle, alle proprie visioni assolutistiche e "divine" che ci ergono a "padri eterni" degli altri.

Il cristiano molte volte, nella sua esistenza, si pone in un compromesso debilitante con le forze del male; ci si ritrova divisi, incapaci di decidere, disgiunti dentro, quasi un dilemma che percorre tutto l'arco dell'esistenza; uno scontro, come l'agonia nel Getsemani richiamerà – agone, lotta – un vero tormento che ci pone dinanzi la duplice possibilità di accogliere o di rifiutare le forze del male, di rigettarle completamente e definitivamente dalla propria vita o di conviverci con quell'ibrido sentore di non essere né caldo né freddo come ci ricorda una frase, sempre giovannea, nel libro dell'Apocalisse (cfr Ap 3,15).

Eppure ci vuole poco, se così posso dire: è sufficiente sapersi affidare, confidare, accogliere la logica di Dio che in Gesù diviene la logica per ogni uomo, la logica dell'obbedienza, del servizio, del donarsi. Arricciamo il naso quando qualcuno ci parla di obbedienza contrapponendola, malauguratamente, alla libertà, come se quest'ultima significasse fare tutto ciò che si desidera e non invece trovare un incontro tra la propria, di libertà, e quella di colui che mi sta vicino.

Ma la logica biblica dell'obbedienza percorre tutta la storia della salvezza facendo toccare con mano che chi obbedisce a Dio si salva, vive bene, chi gli disobbedisce si perde, si disintegra. E la prima forma di obbedienza in un riferimento costante alla Parola di Dio è proprio la capacità di ascolto. L'ascolto, il mettersi in un atteggiamento di sottomissione, di abbassamento, questo significa ascoltare, nella Scrittura si traduce sempre nell'obbedienza, cioè nel comprendere che l'ascolto devo poterlo fare mio facendolo vita, mettendo in pratica ciò che appunto ho ascoltato.

In questo impegno continuo il credente in Cristo, quasi di conseguenza, si trova affrancato dal maligno perché proteso a fare il bene, ad adempiere il volere del Signore che è sempre e comunque bene.

Non costatiamo che la lotta col maligno, da parte dell'uomo, è sempre una lotta impari? Eppure Gesù ci ricorda che non saremo tentati sopra le nostre forze, come ugualmente ribadisce nella preghiera che ci fa rivolgere a Dio chiamandolo come lui stesso lo chiama, Padre, e ricordando che ogni giorno grazie al suo intervento possiamo essere liberati dal maligno (cfr Mt 6,13; 1Cor 10,13); tutto ciò non può che ravvivare il nostro impegno.

Comunque è bene ricordare che nel "sapere" di Gesù si nasconde il travaglio di un cuore che ama e che vuole che anche chi lo tradisce possa ricredersi.

Il mistero di Giuda rimane, ma ugualmente costatiamo tale mistero nel cuore di ogni uomo; un mistero di tenebre che dinanzi a Dio si rischiara, visto che la presenza di Gesù pone tutto nella verità, pensieri e opere; la nostra capacità di porci dinanzi alla sua bontà d'amore e misericordia ci farà cogliere il plauso di una vita che nella luce diventa essa stessa luce.

Impariamo da tanti santi che pur nella lotta col maligno hanno saputo far trionfare la luce di Cristo in loro, vincendo ogni possibile malia del nemico e ritrovandosi invece accoglienti della volontà di Dio che salva.

> Quando ebbe lavato loro i piedi, riprese il suo mantello, si rimise a sedere e disse loro: «Capite che cosa vi ho fatto? Voi mi chiamate maestro e Signore e dite bene, perché lo sono. Se dunque io, il Signore e il Maestro, vi ho lavato i piedi, anche voi dovete lavarvi i piedi gli uni gli altri».
>
> GIOVANNI 13,12-14

Il gesto si è compiuto. Gesù ha lavato i piedi ai suoi discepoli. Il Figlio di Dio esprime il suo amore per l'uomo nell'umiltà di un gesto che rimane emblematico nella tradizione di vita del cristianesimo.

Sull'esempio del Maestro il discepolo deve porsi a servizio del suo prossimo, deve accogliere con responsabilità e nella profondità del suo asserto le parole di Gesù: *Non sono venuto per essere servito ma per servire* (Mc 10,45). Il discepolo deve comprendere che se ci si è messi alla sequela del Maestro il servizio non è un'operazione tra le tante ma l'unica strada da seguire: *Se uno mi vuol servire mi segua, e dove sono io, là sarà anche il mio servo* (Gv 12,26).

*Riprese il suo mantello, si rimise a sedere.* Questa espressione che potrebbe sembrare secondaria, quasi un artifizio perché l'autore cambi la scena, invece ricorda chi è veramente Gesù, come lui stesso dirà: il *Signore e Maestro*. Si noti la solennità delle espressioni e della cornice, che viene introdotta, come molte volte è suo stile, da un interrogativo: *Capite che cosa vi ho fatto?*

Abbiamo bisogno di capire. Anzi, è come se Gesù volesse dirci che la logica del servizio, se non si modella sul suo esempio, diventa filantropia vuota e inefficace.

Abbiamo bisogno di cogliere l'eredità di un comportamento, quello di Cristo, che nasconde in sé il porsi stesso di Dio nei confronti dell'uomo, il suo essere e farsi umile, il suo donarsi gratuitamente.

Abbiamo bisogno di metterci nella stessa sintonia di gesti e parole che nascondono l'inaudita novità di un Dio che non solo si è fatto uomo ma che ha vissuto umile, dimesso, in un nascondimento che ci fa cogliere lo stile dell'uomo Dio.

Abbiamo bisogno di saper intuire, dietro il gesto e le parole, ciò che anima i sentimenti del Maestro, per poterne imitarne il senso e la verità.

Bisogna confessare che non è poi tanto facile capire. Molte volte ci troviamo proprio in una impossibilità, voluta o subita, ma reale; la nostra poca fede diviene la riprova del nostro non capire.

Gesù lavando i piedi ai suoi discepoli non dimentica, e non vuole che dimentichiamo, ciò che realmente è, cioè: *Maestro e Signore e dite bene, perché lo sono.*

Gesù ha consapevolezza di ciò che è. Proprio per questo può richiamare con maggior forza il gesto fatto come un gesto da accogliere per porsi nella verità di una sequela che vuole appunto dirsi tale: la sequela di Cristo.

*Se dunque io, il Signore e il maestro, vi ho lavato i piedi, anche voi dovete lavarvi i piedi gli uni gli altri.*

Nel momento culminante della sua missione, prima di lasciare definitivamente i suoi celebrando nella sua carne la pasqua nuova di morte e risurrezione, Gesù lascia il suo testamento d'amore. Dona ai Dodici, e in loro a tutti gli uomini, quei Dodici che lui stesso aveva scelto e chiamato come ceppo scelto per costruire il suo stesso corpo, la Chiesa, il testimone del servizio reciproco, come una garanzia dell'essere suoi discepoli, e del porsi nella continuità del Signore e Maestro, riconosciuto e accolto come tale nella vita.

Vi è tanto cammino da fare nella Chiesa, ma è il cammino dell'umanità, per far sì che questo testimone venga accolto e sia la modalità del proprio vivere e del proprio porsi dinanzi all'altro. Dinanzi alla violenza, all'ingiustizia, alla sopraffazione, il ripresentare "la causa" dell'amore che serve e si offre non è la logica del perdente e del solito incapace di reagire, bensì è la logica della potenza del "nostro" Dio che vince nell'umiltà e nella piccolezza, che vive nella semplicità e nella povertà, che manifesta la sua gloria sul legno infamante della croce!

C'è bisogno di tanta fede per non cadere nel tranello di un seguire pedissequamente un gesto e non porlo nella conseguente logica pasquale del donare la vita. Lo spirito di servizio chiama il cristiano a una miriade di gesti da porre nella continuità del gesto di colui che, essendo Figlio di Dio e ritrovandosi fratello universale di ogni uomo, vuole porsi di fronte all'altro, chiunque egli sia, ponendosi al di sotto di lui; mai dunque con la pretesa di essere migliore, sopra l'altro, superiore. Un compito arduo, ma ricordiamoci che è questo che ci rende discepoli, cristiani, scelti per amore.

L'essere "servi" non si improvvisa ma si impara giorno per giorno; il servizio reciproco bisogna saperlo scoprire nella creatività di quel rapporto con l'altro che nel suo volto mi chiede, mi interpella, mi coinvolge e attende la mia risposta. Se questa sarà l'umiltà dello stare di fronte attendendo e ascoltando, e non certo imponendo e imperando, saremo capaci, passo dopo passo, di identificarci col Maestro e Signore.

> Infatti vi ho dato un esempio,
> affinché anche voi facciate come io ho fatto a voi.
>
> Giovanni 13,15

*Vi ho dato un esempio.* Le parole del Maestro e Signore potrebbero far pensare all'accoglienza supina di un gesto da reiterare in forma rituale e quasi teatrale: il lavare i piedi ai discepoli. Mi sembra che abbiamo più volte evidenziato che il gesto nasconde una logica che è invece quella di accoglie-re e vivere di conseguenza ciò che il gesto stesso rivela nel suo profondo significato.

Se il servizio del Signore e Maestro si esplicita nell'umile gesto, che era degli schiavi, dell'abbassarsi e lavare i piedi, ciò nasconde la stessa sottomissione di Gesù a quel volere del Padre e il conseguente e costante atteggiamento di sot-tomissione che lo accompagna nella vita.

Ugualmente non bisogna dimenticare che un tale gesto e una tale consegna sono collocati durante la cena di ad-dio, al momento dell'*ora*, che ricorda a tutti noi la necessi-tà che ogni servizio all'altro nasconda in sé il dono della stessa vita, l'offrirsi e il soffrire per l'altro.

Chi visita il Cenacolo, a Gerusalemme, o chi ha parteci-pato alla lavanda dei piedi in quello stesso luogo, celebrato ogni anno dai frati della Custodia di Terra Santa il Giovedì santo, non può che ritrovarsi coinvolto in un'atmosfera che ti invade, in un gesto che ti devi ritrovare "tra le tue cose" per specificare lo stile di una risposta che sia la ripro-va del tuo essere cristiano.

Come bene possiamo comprendere, l'esempio donatoci dal Signore Gesù va molto al di là del gesto, e direi anche del significato che il gesto rivela: siamo dinanzi all'uomo che liberamente e per amore si dona, si offre, si immola; la logica dell'incarnazione arriva alle sue estreme conse-guenze e ricorda che tutta l'esistenza di Gesù si è fatta mis-sionaria, cioè desiderosa di adempiere il volere del Padre.

Il consegnarsi di Gesù al Padre ricorda eloquentemente a ognuno di noi la necessità di essere e di seguire gli inse-gnamenti e la vita del Signore: ripercorrendo la medesima strada ci si pone nella stessa lunghezza d'onda per fare *co-me* lui stesso ha fatto.

Difatti il *come io ho fatto a voi*, così come l'espressione *an-che voi facciate*, pone in una comunione, che è continuità, maestro e discepolo, a ricordare a tutti noi che il cristiano è *alter Christus* – un altro Cristo – che continua la sua opera nel mondo, qui, ora, oggi.

La vita cristiana direi che è affascinante proprio per questo, perché si pone in una continuità che se anche ci chiama ad avere in Cristo il modello, ci chiede altresì di essere noi i continuatori della sua opera di salvezza. Più il credente in Cristo si scopre un altro Cristo, più comprenderà che la sua sorte non potrà essere diversa da quella di Gesù, e ugualmente che il valore dell'offerta – dedicata, donata, sacrificata – della sua stessa vita si porrà sulla scia della redenzione e della salvezza per l'umanità.

Ci si pone nella gioia di una risposta che reputa ogni gesto della vita del cristiano comprensibile solo se in continuità e nella logica di Cristo stesso.

Il pericolo di una vita che sia solo la "caricatura" di quella cristiana, adempimento di leggi esterne, che dimentica il cuore dell'uomo e la sua convinzione profonda che nasce dal ritrovarsi ed accogliersi come un "esempio" che vuole sempre più configurarsi con l'esemplare che lo ha posto in essere, è un pericolo che ritorna continuamente nella vita dell'uomo. L'ardua risposta che molte volte ci attende può avere un chiaro richiamo, anzi un'evidenza cristallina, verso ogni uomo di buona volontà, se sapremo essere espressione della stessa missione di Gesù, affidatagli dal Padre: quella di essere, grazie al suo Spirito d'amore, salvezza per l'umanità.

Vocazione sublime, ma sempre vocazione da saper accogliere, per poter essere vissuta!

In verità, in verità vi dico: il servo non è più grande del suo padrone né l'apostolo è più grande di chi l'ha mandato. Sapendo queste cose, siete beati se le mettete in pratica. Non parlo di tutti voi: conosco chi ho scelto; ma deve compiersi la Scrittura: colui che mangia il mio pane, ha levato contro di me il suo calcagno.

GIOVANNI 13,16-18

Sembra che ad ogni passo del suo dire Gesù ricordi la sua sorte di uomo "consegnato"; un preparare i discepoli, ma ugualmente un'attenzione a Giuda che non ha eguali, quasi un costante tendere la mano per evitare non la sua morte ma la morte del discepolo.

La beatitudine del servo, che è quella dell'apostolo, si traduce in un compito che abbia risvolti esistenziali: mettere in pratica ciò che si è ascoltato, ciò che si è ascoltato per bocca del Maestro e Signore. *Siete beati se le metterete in pratica.* Emerge quella familiarità che deve esprimere un rapporto tra discepolo e maestro, tra servo e padrone, che dice appunto continuità di atteggiamenti, scelte, opzioni, intenti.

*Siete beati.* Siamo dinanzi a un'espressione che caratterizza la vita cristiana; potremmo dire che il credente in Cristo, in quanto tale, vive per essere beato. Beato cioè felice, in piena armonia con se stesso e con gli altri, capace di porsi nella sintonia di una parola da vivere, e dunque da accogliersi, che svela la gioia dello stare insieme e con Dio stesso.

La beatitudine dell'ascolto: *Beati coloro che ascoltano la parola di Dio e la osservano* (Lc 11,28).

La beatitudine della fede: *Beati quelli che non hanno visto e hanno creduto* (Gv 20,29).

La beatitudine che si incarna in una creatura e dice a noi, a ciascuno di noi, "anche questa è la tua vocazione": *Beata colei* (Maria) *che ha creduto nell'adempimento di ciò che il Signore ha detto* (Lc 1,45).

Come un ritornello di una canzone ben nota, se così posso dire, Gesù ricorda ai suoi che la conoscenza che li pone nel rapporto di fraternità che li contraddistingue non deve far dimenticare che lui, il Signore, conosce chi ha scelto! *Conosco chi ho scelto*. Quanto amore nascondono queste parole e allo stesso modo quanto spessore di umana vicinanza, di partecipazione, di confidenza che pone nella verità la persona di Gesù: il Figlio di Dio che conosce ogni cosa, che scruta ogni cuore, che intende ogni sguardo, che sa bene chi ha scelto per le sorti di quella che sarà la Chiesa nascente e fondata, appunto, sugli Apostoli.

*Conosco chi ho scelto*. Come a ricordare a Pietro, a Giovanni, a Giuda, a tutti i "chiamati" quale sia lo loro sorte; anche dinanzi al rinnegamento di Pietro, al tradimento di Giuda, all'amore silenzioso e profondo di Giovanni, Gesù conosce bene quello che gli sta per accadere. Si ritroverà solo sotto la croce, soltanto col "discepolo amato" e sua madre, "donna" di fede immensa. Gesù sa che la sua sorte è segnata, visto che *deve compiersi la Scrittura*, sa che la volontà del Padre suo passa attraverso la croce, la sofferenza, la morte, ma questo "sapere" si pone sempre nella logica di un andare incontro all'altro, al discepolo, a colui che ha scelto, per porlo nella sintonia del suo amore che si dona.

Il volere del Padre, il compiersi di una Scrittura che tale volere nasconde e rivela.

Non è la prima né sarà l'ultima se, da Risorto, si situerà nello stesso indirizzo che è il volere del Padre che le Scritture portano in sé – come grembo gravido pronto a porre alla luce la novità di Dio – (cfr Lc 24,24ss), dove il riferimento alle Scritture viene posto come "luogo" di una rivelazione che ci fa conoscere una storia che si compie. Le Scritture infatti trovano proprio in Gesù, nella sua nascita, nella sua vita, nella sua morte, nella sua risurrezione, quel compimento che ne dipana, con una chiarezza tutta e sempre da scoprire, il filo rosso di una storia che è salvezza.

Il compiersi delle Scritture, ben si comprende, non è divinazione, fatalismo o peggio supino adempimento di un progetto altrui che mal si coniuga con la libertà dell'uomo. Le

Scritture che si compiono non sono altro che quella stessa parola che è lui, la sua esistenza, la sua storia. Le Scritture si accolgono nella fede, tutte le Scritture; ogni Scrittura non può che svelarci quel volto di infinito amore che è il volto di Gesù, nel quale è impresso il volto del Padre suo; quel volto dunque di Dio che si fa a noi vicino e si svela nella miriade di espressioni che nascondono la sua presenza.

Gesù cita un salmo: *Colui che mangia il mio pane, ha levato contro di me il suo calcagno* (Sal 41,10). Una frase che in un certo senso Gesù coglie per dire qualcosa di suo: colui che è mio discepolo, vive con me; io ho chiamato, accolto, amato, costui che, alzando il calcagno, cerca col suo atteggiamento di rivalsa e di ostilità di distruggermi. Sappiamo come i salmi siano preghiere, suppliche, invocazioni, che rivelano la verità dell'uomo e di Dio. Qui questa citazione diventa espressione che ricorda a tutti noi che ogni amicizia, vicinanza, affetto, fratellanza può trasformarsi in tragedia, rifiuto, inimicizia, ostilità, malanimo, addirittura odio se non è guidata dall'amore che deve sostenere sempre tutto.

L'amore infatti va oltre il sentimento quando, sperimentando il dono fatto per amore, la vita ricevuta come dono, l'uomo si chiede cosa significhi che la sua vocazione è l'amore. Il "bell'amore" (cfr Sir 24,18) ci chiede di sperimentare una forza che dal di dentro, unificando tutto ciò che siamo, esseri pensanti, sessuati, storici, ci spinge a donarci come motivo del proprio ritrovarsi amati. Quanta serenità e pace porta l'essere stati educati ad amare nella sintonia evangelica del donarsi perché si è compreso che si è ciò che si è perché Dio stesso si è donato a noi. Serenità e pace che ci pongano in noi stessi e nel rapporto con gli altri, nell'impegno non del possesso bensì del riconoscimento, mutuo e liberante, della bellezza dell'altro testimoniata dalla bellezza di Dio stesso in Gesù: *sapendo queste cose*, di certo siamo chiamati a vivere di conseguenza.

Impariamo a scrutare le Scritture per accogliere il polie-drico volto del Signore, ma ugualmente impariamo a scru-tare le Scritture che nelle loro svariate sfaccettature ci pre-sentano la verità dell'uomo, i risvolti del suo animo e ci ri-cordano che il progetto di Dio su di lui è sempre quello di farlo felice tramite l'accoglienza della sua Parola.

Fin d'ora ve lo dico prima che accada, affinché, quando accadrà, crediate che io sono. In verità, in verità vi dico: chi accoglie colui che io manderò, accoglie me, e chi accoglie me, accoglie colui che mi ha mandato.

Giovanni 13,19-20

Gesù è quasi preoccupato di premunire i suoi dall'effetti-vo disorientamento, di cui poi furono infatti partecipi, alla luce degli avvenimenti che stanno per accadere di lì a poco. Accadrà qualcosa che provoca disgregazione e rovina e che pone nello sconforto, nella paura, nel dubbio, chi aveva vis-suto nella speranza, nella fiducia, nella novità.

Il frutto di ciò è il tradimento di Giuda. Ogni tradimento ha in sé degli effetti permanenti, duraturi, che devastano il tes-suto della comunione, quella comunione che in Cristo è indi-visibile come la tunica del Maestro che viene tirata a sorte perché appunto "tutta d'un pezzo" (cfr Gv 19,23). Dovrem-mo ricordarci, come profetico adempimento relativo alla sua stessa vita, le parole del Maestro ai suoi discepoli: *Chi scanda-lizza uno di questi piccoli che credono, sarebbe meglio per lui che gli passassero una mola da asino e lo buttassero in mare* (Mc 9,42). Non possiamo giocare con la vita altrui, con ciò se ne deduce che non possiamo giocare neanche con la nostra di vita, svendendola per trenta denari al primo acquirente, vi-sto che è unica e irripetibile, inalienabile e preziosa.

Le parole di Gesù attestano una profezia che sta per com-piersi e che rivela la sua umanità sofferente e la sua divinità innamorata dell'uomo: *Quando accadrà, crediate che io sono.*

Una frase chiave, specie nell'evangelo di Giovanni, dai connotati divini – *Io Sono* – che nasconde quello spessore soprannaturale che l'umanità di Gesù nasconde e rivela, a seconda dei momenti e delle circostanze.

Sono comunque di grande consolazione, per il discepolo fedele, le parole che lo identificano *in toto* col suo Signore e si fanno, nella missione ricevuta di essere inviato, riprova certa del suo amore preveniente. Come nei momenti solenni e rivelativi di qualcosa di nuovo, in una rivelazione che si evolve e si compie – *in verità in verità vi dico* – Gesù pronunzia le parole che lo uniscono per sempre ai suoi, anche se l'odio, l'invidia, la tracotanza del male vorrebbe far finire tutto: *Chi accoglie colui che io manderò, accoglie me, e chi accoglie me, accoglie colui che mi ha mandato.*

Non solo, nella vocazione che è missione ci si ritrova uniti al Maestro, ma questa comunione di intenti, questa comunione d'amore, è segno ed esprime un ulteriore rapporto di comunione: da una parte quella del discepolo col Maestro, dall'altra quella del Figlio col Padre, del mandato, inviato, donato, e del mandante, inviante, donante.

Veramente in Gesù ci troviamo nell'unico mediatore tra Dio e l'uomo, lui che è insieme Dio e uomo. Colui che lo accoglie, e lo accoglie perché inviato da lui stesso, trova in Gesù quel volto del Padre che ne rivela i tratti colmi di benevolo amore. Dirà quasi con spontaneo stupore per il fatto che i suoi non si erano ancora accorti di questo rapporto di mistero: *Chi ha visto me ha visto il Padre... Io sono nel Padre e il Padre è in me* (Gv 14,9.10). Un amore che ricorda appunto l'amore di Dio per ciascun uomo, e spinge ogni fedele/discepolo a porsi nella continuità dello svelare, con la propria vita, quel volto d'amore del Padre celeste che per primo Gesù ci ha donato.

A pensarci seriamente, sembra un compito impossibile, ma lui stesso ci ripeterebbe che "nulla è impossibile" (cfr Mt

17,20), e chi crede potrà senz'altro fare cose più grandi di Lui (cfr Gv 14,12), in una risposta d'amore data in piena sintonia con l'opera del suo Spirito in noi.

La Chiesa deve trovare la sua forza missionaria riandando al sacrifico pasquale del suo Maestro: vi è bisogno di una fede che, vissuta, diventi partecipata; non basta preoccuparsi della testimonianza, silenziosa, operante, nascosta, ma ben comprendiamo che abbiamo bisogno di manifestare pubblicamente la nostra fede, nel rispetto degli altri ma ugualmente nella *parresia* della verità che non accetta attenuazioni di sorta. L'assuefarsi a schemi troppo mondani, fossero anche quelli del dialogo e del rispetto, che declinino la propria fede in un privato che in fin dei conti diventi l'unico luogo per il divino, è il rinnegare la fede stessa in Cristo, Signore della Storia.

Se la vita cristiana ci chiama ad essere lievito nel mondo non possiamo disattendere questa immagine, non possiamo che ricordarci che in ogni ambito di vita, politico, sociale, economico, abbiamo bisogno di portare, annunziare, "dire" il Cristo: l'uomo vero, il compimento della Storia, il senso di ogni rapporto umano, la verità di ogni convivere civile. Preghiamo il Signore perché la Chiesa tutta rimanga fedele alla missione affidatagli da Gesù!

Detto questo, Gesù fu turbato interiormente e attestò: «In verità, in verità vi dico: uno di voi mi tradirà». I discepoli si guardavano gli uni gli altri, non sapendo di chi parlasse.

GIOVANNI 13,21-22

L'annunzio del tradimento si pone in un'atmosfera di grande turbamento interiore: *Fu turbato interiormente*. Gesù di certo non avrebbe mai voluto usare queste espressioni, ma la realtà purtroppo attesta che uno dei suoi, appunto, lo tradisce: *Uno di voi mi tradirà*.

Chi fosse costui Gesù, come vedremo, lo rivelerà tra poco, ma i discepoli sono troppo costernati per comprendere non tanto la denuncia del traditore, bensì l'ultimo tentativo di un invito al ravvedimento, che nasconde parole d'amore anche per chi tradisce. Non potrebbe difatti smentirsi il Maestro che ha educato i suoi discepoli ad amarsi a vicenda, ad amare chi li contrasta e li ostacola, chi li perseguita e li odia, chi li tradisce e li uccide: la vita del discepolo e la vita del maestro percorrono la stessa sorte.

*I discepoli si guardavano gli uni gli altri.* Smarrimento, paura, esitazione, di certo le parole di Gesù diventano, in quel frangente di intimità e di familiarità, provocatorie, come dei fendenti che lacerano il quieto vivere dello stare insieme e insinuano il sospetto che percorre la vita di tutti. Parola, quella del Maestro, che come "spada a doppio taglio" (Eb 4,12) lacera il cuore e provoca ferite che nessun olio di consolazione potrà mai sanare. Ricordiamoci che i segni della passione/morte del Salvatore rimarranno impressi su di lui come distintivo indelebile, anzi diventeranno la prova della sua identità quando da risorto appare ai discepoli spaventati e sfiduciati (cfr Lc 24,39; Gv 20,27).

Il turbamento interiore di Gesù ricorda di certo il suo dolersi, sommerso e profondo, dinanzi all'amico Lazzaro giacente nella tomba (cfr Gv 11,33), come ugualmente ricorda una passione, vero Getsemani di sofferenza, che Gesù stesso vive in attesa che gli eventi si compiano (cfr Gv 12,27-33). L'atteggiamento interiore del suo struggersi rivela quasi la disfatta nel non poter far nulla dinanzi alla decisione ormai presa, ma non ci vuole poi tanto a comprendere che, anche nella sofferenza di ciò che questo possa significare, attesta ancora una volta la libera e sovrana scelta degli uomini dinanzi agli eventi, che neanche l'onnipotenza di Dio può mutare, dando prova della grandezza della libertà dell'uomo e di contro dell'amore sconfinato di Dio verso di lui.

La libertà non può interrompersi neanche dinanzi alla morte che con essa si riceve; ma cosa nasconde questo dramma se non una volontà di attestare l'infinito amore di Dio verso la sua creatura fatto di rispetto, accoglienza supina, anche nelle conseguenze disastrose delle sue scelte?

Come nel libro del Genesi, narrando il rifiuto dei Progenitori, all'amore del Creatore si contrappone la possibilità di una libertà dell'uomo che scelga "contro": contro Dio e dunque contro lo stesso uomo. Ora, quasi a ripetersi di quell'esperienza che segnò la storia di Dio e degli uomini, veniamo a ri-accogliere una libertà dell'uomo che si pone come retaggio di rifiuto dell'amore e provoca ugualmente morte e sciagura. Possiamo ben parlare di un rifiuto dei Progenitori che diventa, per Giuda, specchio ed esempio nel suo rifiutare le parole d'amore del Maestro.

Eppure Dio non stravolge la libertà dell'uomo ma con un'altrettanta scelta libera vince il male e la morte donandosi per noi. Accogliendo la sorte di una passione, di una morte, di una sconfitta, dunque, che nella logica dell'amore diviene invece vittoria certa. Ancora una volta siamo chiamati a scorgere la logica dell'amore di Dio che, se accolta, cambia il corso della vita e della Storia.

*I discepoli, si guardavano gli uni gli altri, non sapendo di chi parlasse.* Anche coloro che non tradiscono, purtroppo, non si pongono in sintonia con questa logica che è novità d'amore. Come vedremo, soltanto il "discepolo amato", in cui deve necessariamente celarsi ognuno di noi che in una fede amante instaura questa sintonia profonda, soltanto lui saprà e accoglierà la rivelazione del traditore ponendola nel cuore come Gesù stesso l'aveva posta.

Com'è significativo in questa logica d'amore trovare sotto la croce la donna, Maria, la Madre, e il Discepolo amato, Giovanni, il figlio di Zebedeo, ambedue viventi la logica di Gesù e dunque ambedue generatori di vita sotto la croce del Salvatore del mondo.

Per entrambi, come un giorno si disse per la Madre del Signore, valgono le espressioni dell'Evangelo: *Serbava nel suo cuore ogni parola* (Lc 2,51). Lo scrigno segreto del cuore diviene segno di amorosa accoglienza del mistero che fa del credente madre, fratello, sorella di ogni essere umano.

Un cuore da custodire ma ugualmente da alimentare: chi vive vicino al Maestro, vicinanza di cuore e non di una fisicità che risponda quasi soltanto a un'umana simpatia e a un fascino di cordata, si ritrova coinvolto nella logica di un amore che donandosi perdona, sacrificandosi redime, ponendosi come vuoto a perdere riempie la vita propria e altrui. In questo cammino bisogna ritrovarsi e verificarci affinché la vita di fede di ciascuno di noi sia retaggio non di futili e inconcludenti risposte, ma sia offerta bella, santa, gradita al Signore Iddio per la salvezza dell'umanità intera.

Non si tradisce, il più delle volte, con lo stesso cinismo di Giuda che deliberatamente, nonostante tutto, "consegna" Gesù ai nemici. Oggi molte volte il tradimento è condito con quella superficialità, mollezza, non curanza, menefreghismo, che pervade la vita di molti e che si traduce in arrivismo e prepotente certezza di essere i primi e gli unici di fronte agli altri.

Il mondo della politica e dell'economia, purtroppo, molte volte si pone in questa logica del tradimento; cioè del non curarsi se le proprie scelte, azioni, decisioni portano alla morte i nostri simili. Come chiesa dobbiamo, anche qui, fare un profondo esame di coscienza che porti ad ogni denuncia del male e alla supina, ma cosciente, accoglienza dell'unica cosa buona da fare, cioè la volontà di Dio, per sé e per gli altri.

Uno dei discepoli, quello che Gesù amava, stava adagiato accanto a Gesù. Simon Pietro gli fece cenno di chiedergli chi fosse quello di cui parlava. Egli, chinatosi sul petto di Gesù, gli disse: «Signore, chi è?». Gesù rispose: «È quello a cui porgerò il boccone che sto per intingere». E intinto il boccone lo porse a Giuda di Simone Iscariota.

GIOVANNI 13,23-26

Ma qual è la volontà di Dio? Un interrogativo che continuamente pervade la vita dell'uomo di fede. Cosa mi chiede Dio in questo frangente? Abbiamo bisogno di occhi nuovi e cuore nuovo per saperlo scorgere, comprendere e attuare, anche quando ci sembra difficile, anche quando ci sembra un reale controsenso.

Questi versetti dell'evangelo di Giovanni sono emblematicamente rimasti scolpiti nell'arte di ogni ultima cena che vede il discepolo – *quello che Gesù amava* – chinarsi sul petto del maestro per avere notizie circa il traditore.

Il risultato di questo furtivo e misterioso scambio di sguardi e parole sembra che rimanga in ombra, anzi che non arrivi a soluzioni e dunque a interventi per evitare il peggio. Tuttavia, una lettura attenta delle parole e dei gesti mi sembra che possa dirci altro, attestando ancora, da una parte, l'amore di Gesù per tutti, anche per il suo traditore, e dall'altra l'amore del discepolo per la missione del maestro, la missione di adempiere il volere del Padre, come richiamavo.

Le espressioni usate non possono che tradire una verità incontrovertibile: Gesù, col gesto di intingere il boccone e porgerlo a Giuda, rivela con evidenza e senza fraintendimenti a Giovanni – il discepolo amato – che il traditore è proprio l'Iscariota.

Ma sta proprio qui l'inaudita sintonia d'amore percepita e partecipata dal maestro al giovane discepolo e dal discepolo al maestro. Giovanni, come del resto Gesù stesso, sapeva comprende *chi fosse quello di cui parlava*, ma pur comprendendolo non fa nulla perché gli eventi non si svolgano secondo quel progetto del Padre per il Figlio che è salvezza.

Immaginiamoci l'irruenza di Pietro, già testimoniata altrove, se avesse saputo e compreso chi fosse il traditore: avrebbe fatto tutto il possibile perché non si adempisse il tradimento che porterà Gesù alla morte. Invece Giovanni, proprio perché è il discepolo che si è posto nella sintonia d'amore col suo Signore, non fa nulla e attende che il corso degli eventi arrivi alla fine; d'altronde l'ora è giunta, e non è un'ora casuale bensì un *kairos* di salvezza per tutta l'umanità.

Immaginiamoci che strazio d'amore richiede l'amare, accogliendo la logica, che l'amato stesso ha insegnato, come vera risposta da dare sempre e comunque, pur sapendo che essa porterà l'amato alla morte. L'amore, il vero amore, può chiedere all'uomo cose inaudite, anche, appunto, di donare la vita, anche di vedersi tradito e ucciso da chi si ama. Da parte del discepolo amato, il saper rispondere al dramma del tradimento come Gesù stesso risponde, diviene eloquente attestazione di comunione e di aver compreso ciò che significa amare.

Non per nulla troviamo solo lui, Giovanni, unico fra i discepoli, che sono pur presenti a questo colloquio misterioso e a questi gesti tutti da interpretare, sotto la croce del Signore; perché a lui e soltanto a lui, insieme con la creatura che diviene il segno manifesto della fecondità della Chiesa intera (Maria, la madre, la donna ritta sotto il patibolo) è dato di comprendere.

Siamo dinanzi a un passaggio arduo della fede, lo si capisce bene; ci sfugge il senso, l'umano che è in noi ricalcitra, è come se fossimo dinanzi a parole – gesti, scelte, comportamenti – che non si possono comprendere e rimangono per lo più oscuri, enigmatici, sommersi.

Sì, potremmo ripetere con la stessa Parola di Dio: *Non tutti capiscono questa parola, ma solo coloro ai quali è stato concesso* (Mt 19,11).

La parola della croce, la parola della morte crocifissa e infamante, la parola della sconfitta dell'onnipotenza, la parola del silenzio e dell'oscurità. Non tutti possono comprenderla. Non per nulla la croce diverrà, e rimane, scandalo, rifiuto, ribellione, inaudito pensiero impensabile per un Dio amore. Eppure sarà l'unica e necessaria strada percorsa e da percorrere.

Infatti bisogna ricordare, come molte volte gli studiosi evidenziano, che dietro a quel discepolo *che Gesù amava*, vi è ogni discepolo, ogni credente, ogni cristiano, ognuno di noi. A tutti noi è dato l'arduo compito di porsi in questa sintonia d'amore inaudito, nuovo, sconvolgente, fecondo. A tutti noi è dato di accettare, nella fede, questa volontà di Dio per il suo Figlio e per noi, suoi figli.

Chi siamo noi per scandalizzarci? Chi siamo noi per nasconderci dietro quei luoghi comuni, troppe volte conclamati, che fanno dei credenti, e dunque della Chiesa, non una comunità che nasce dall'Evangelo bensì un'associazione filantropica di beneficenza? Chi siamo noi per stigmatizzare comportamenti e pensieri dinanzi alla logica dell'amore che pretende, scandalosamente, di andare controcorrente?

Solo nella fede ci si svelerà come opera dello Spirito – dunque: grazia, dono, mistero – che cosa significhi il donare la propria vita come Cristo fa per tutti, anche per il suo traditore; un dono che si pone, appunto, nella logica dell'amore donato, della sottomissione obbediente, dell'offerta gratuita di sé per l'altro.

Giovanni vive in sé questo martirio; non per nulla sarà l'unico dei Dodici a non morire martire, nel senso dello spargimento del proprio sangue, ma, nella fede, martire nel cammino del comprendere il dono dell'esistenza del proprio Maestro, per sé e per tutti. Un martirio interiore frutto dell'amore che, come la tradizione mistica cristiana ci attesta, diviene passione d'amore che brucia dentro e si traduce in offerta, olocausto, per il fratello.

Gesù potrà dire che almeno uno dei suoi – scelto per amore e per amare, come sono i Dodici – ha compreso prima della

Pentecoste che illuminerà le menti degli Apostoli e con loro tutta la Chiesa, ha compreso ponendosi in questa sintonia; sintonia che, nella forza dirompente dello Spirito del Risorto, diverrà, appunto, strada da percorrere per ogni figlio di Dio, per ogni uomo e donna di buona volontà, per ognuno di noi.

> Nessuno dei commensali capì perché gli avesse detto questo. Siccome Giuda teneva la borsa, alcuni supponevano che Gesù gli avesse detto: «Compra quanto ci occorre per la festa», o di dare qualcosa ai poveri. Preso il boccone, quello uscì subito. Era notte.
>
> GIOVANNI 13,27-30

*Era notte!* Con una pennellata d'arte letteraria l'evangelista Giovanni ci pone dinanzi alla realtà interiore del traditore: siamo posti dinanzi al cuore di Giuda che inesorabilmente va verso la perdizione (cfr Gv 17,12), anzi, ne professa filiale adesione rifiutando le ultime parole d'amore del Maestro.

*Nessuno dei commensali capì.* Ma, come abbiamo fatto presente, Giovanni comprende bene!

Anche per Giuda arriva la sua ora che si manifesta certo nel tradimento, ma si pone agli antipodi dell'ora attesa, bramata e desiderata del Figlio di Dio nel celebrare la sua Pasqua di salvezza. *Preso il boccone quello uscì subito.* Il boccone, amaro per via delle proprie viscere di veleno, sigilla una bocca che proferisce parole amare (cfr Ap 13,5), che di lì a poco si aprirà solo per porsi a servizio della menzogna e della falsità, consegnando il giusto e l'innocente alle forze del maligno, ai carnefici che lo porteranno alla croce.

Il rifiuto di Dio, che il tradimento esprime, si può leggere a diversi livelli (esistenziale, sociale, teologico, ideologico), ma tutti si coagulano nella ferma volontà di accogliere ciò che il maligno istiga nel cuore, aderendo alla tentazione e dunque scegliendo il male, peccando, rifiutando l'amore.

Proprio per questo bisogna sempre porsi in atteggiamento di ascolto obbediente della Parola/volontà di Dio che ci chiede sottomissione d'amore. Con parole molto eloquenti, Pietro afferma: *Siate sobri, vegliate. Il vostro nemico, il diavolo, come leone ruggente va in giro cercando chi divorare. Resistetegli saldi nella fede* (1Pt 5,8-9).

L'idea politica di un Messia liberatore svanisce; l'attesa di un Messia glorioso si infrange; la miope visione di un Messia umano/divino asservito alle idee degli uomini cade nel vuoto. Il Messia, Gesù Cristo, è il servo umile, dimesso, povero e nudo che, da Maestro e Signore, lava i piedi dei suoi discepoli.

L'umano desiderio di vendetta dinanzi al tradimento dell'uomo non è del Messia di Nazaret, non per la sua incapacità ad operare con *exusia* – con potenza – bensì per la sua scelta di amare, di servire. Il Messia condottiero e capo, che libera dal giogo degli oppressori, romani o con qualsiasi nome si presentino, che solleva da un giogo religioso che opprime, si disillude dinanzi a un Gesù che osserva la Legge e la vive ricordando il bisogno di andare al principio (cfr Mt 19,8).

L'uomo nuovo ha bisogno di una logica nuova per accogliersi e vivere di conseguenza; non si accetta, non si percepisce, non si potrà mai far propria quella logica che viene rifiutata, potremmo dire, per partito preso. La vita di fede richiede la novità inaudita di Gesù Cristo da accogliersi, accettarsi, amarsi.

Non ci sono, e non potranno mai esserci, giustificazioni dinanzi alla scelta del male. Asservirsi al principe delle tenebre non solo scardina ogni rapporto col Figlio di Dio, Gesù Cristo, ma si pone all'opposto della stessa visione dell'uomo, che non si può realizzare in pienezza a scapito degli altri, ma insieme agli altri, in un giusto accogliersi e accettarsi. Il tradimento è la riprova dell'adesione alle forze del male e ugualmente al rifiuto del dialogo e dell'ascolto delle parole di vita che il Maestro proferisce con amore. Se la scelta del male non si traduce in un ravvedersi, in un pianto liberatorio, come d'altronde Pietro ci insegnerà in quella stessa notte della Storia, non si aderirà mai a quella possibilità di conversione che è posta nel cuore dell'uomo, nonostante i suoi possibili sbagli.

Di Giuda l'evangelista non dice più nulla, lo lascia, appositamente, nelle tenebre, in una "notte" che è e rimane tale. Lo si comprende bene visto che, per causa sua, il discepolo amato si vede da una parte svanire la presenza dell'Amato, e dall'altra aprire a una comprensione molto più profonda della sua stessa presenza che richiede di morire a se stessi. Non per nulla il quarto Vangelo pone il giudizio più severo nei riguardi del traditore: *Era un ladro!* (Gv 12,6) e, di contro, non gli interessava nulla dei poveri... il che si connette bene con lo stesso motivo dell'incomprensibilità del gesto e del suo significato che si compie nell'ultima cena: *Siccome Giuda teneva la borsa, alcuni supponevano che Gesù gli avesse detto...* Con posizioni più sfumate si può leggere, per esempio nell'evangelo di Matteo, che Giuda si pentì: *Preso dal rimorso... ho peccato, perché ho tradito sangue innocente* (Mt 7,3-4).

Non vogliamo indagare sul "mistero di Giuda". A tal proposito, con parole molto eloquenti, Benedetto XVI definisce la sorte eterna di Giuda un mistero sconosciuto al giudizio dell'uomo in considerazione del fatto che, appunto, Giuda si pentì: anche se il suo pentimento è degenerato in disperazione e così è divenuto autodistruzione (suicidio), spetta solo a Dio, nella sua infinita Misericordia, misurare il suo gesto. Ma ugualemnte non possiamo che far emergere, alla luce del dato biblico e della tradizione della Chiesa, che il rifiuto dell'amore produce morte, per sé e per gli altri; e quando questo rifiuto è ostinato, fino all'ultimo respiro non può che ereditare la morte eterna[2].

---

[2] Cfr Udienza generale, 18 ottobre 2006.

Il mistero dell'uomo rimane nella sua cruda realtà, ma ugualmente la verità della Parola diviene insegnamento per porsi nella scelta del bene e non farsi irretire dal male. Volenti o nolenti il male, bisogna ricordarlo, non può che portare alla morte e la morte, come situazione esistenziale, non potrà mai farci vivere nella verità e nella gioia.

Ponendoci nella logica dell'agape evangelico, che si dona, saremmo in grado anche di scoprire la logica del ritorno; se abbiamo tradito, se abbiamo peccato, se siamo morti alla comunione, abbiamo comunque la certezza che il Signore non potrà che attenderci con sguardo di compassione (cfr Lc 22,61), quello sguardo che risana, perdona, riconcilia, ama.

Chi non ha mai sperimentato questo sguardo fa fatica non solo a porsi nella logica di Dio che è quella del perdono e della misericordia, ma anche ad attuarla, perdonando e usando misericordia. Fissati dall'Amore che perdona saremmo in grado, sempre, di perdonare amando.

Quando fu uscito, Gesù disse: «Ora il Figlio dell'uomo è stato glorificato e Dio è stato glorificato in lui. Se Dio è stato glorificato in lui, anche Dio per parte sua lo glorificherà e subito lo glorificherà. Figlioli, ancora per poco sono con voi. Voi mi cercherete, e come ho detto ai Giudei, ora lo dico anche a voi: Dove vado io voi non potete venire».

GIOVANNI 13,31-33

Dopo l'uscita di scena di Giuda, amato e servito da Gesù come tutti gli altri apostoli, il Maestro apre il cuore a coloro che non ha remore nel chiamare "amici" e non "servi" (cfr Gv 15,14-15). Ci troviamo in un'atmosfera di mestizia per i fatti occorsi e che si prospettano, ma ugualmente di rivelazione che non può che porre il cuore nella speranza. Una rivelazione che si snoderà per ben tre capitoli del Vangelo, il cosiddetto "testamento spirituale di Gesù", vero e proprio scrigno prezioso di un cuore che palpita d'amore e prima di *passare da questo mondo al Padre* (Gv 13,1) vuole rincuorare e farsi meglio conoscere dai "suoi".

La glorificazione del Figlio apre la persona di Gesù al compimento di quell'ora che sarà la "sua" pasqua, che unisce, in un unico volere, il Padre e il Figlio. Anche per noi c'è una pasqua da celebrare, che le fasi della vita presentano e che i passaggi – passaggio = pasqua – dell'esistenza ci invitano a non trascurare. È importante ricordarsi sempre, sull'esempio di Gesù, che pasqua è morte e risurrezione, due aspetti inscindibili e consequenziali; due realtà intimamente così connesse che devono farci pensare che non c'è risurrezione senza morte e che quest'ultima non è la fine bensì ci apre alla risurrezione.

*Figlioli, ancora per poco sono con voi.* Quanto affetto, partecipazione, *pathos* esprimono queste parole di Gesù, nel riconoscere che ormai c'è poco tempo, e ugualmente nell'invito a se stesso di adempiere le ultime raccomandazioni del Padre. La piena consapevolezza, da parte del Maestro, di essere arrivato al culmine dell'esistenza diventa, come affermavo, motivo per aprire il cuore ai suoi svelando, per così dire, i misteri del Regno.

*Dove vado io voi non potete venire.* Se già questa espressione era stata detta ai Giudei (cfr Gv 8,21), come Gesù stesso ricorda, adesso acquista un significato del tutto nuovo ponendosi nella drammaticità del momento: certo la morte imminente diviene eredità del porsi verso "il luogo invisibile", e rivela la necessità di un passaggio che si compia per tutti. In Gesù e grazie a Gesù questo "passaggio" inaugurerà quei cieli e quella terra nuova che daranno un senso anche alla morte stessa, che di per sé non ha senso.

Accomuna maestro e discepoli la stessa sorte: la morte. E, dopo la morte di Gesù, nella fede, anche la stessa gloria: la risurrezione.

Per il cristiano non vi è morte senza risurrezione. Molte, direi troppe volte, lo si dimentica. Sarà questo nesso vitale, infatti, che potrà dare il vero senso sia alla morte stessa ma, specialmente, alla vita che si conduce. Una vita che si deve vivere nella speranza della risurrezione, della gioia eterna, della comunione senza fine, del paradiso che ci attende.

La disperazione che attanaglia da sempre l'uomo è la delusione per una vita troppo terrena, troppo reclinata su di sé, troppo "umana" – se così potrei dire; abbiamo bisogno di volare in alto, abbiamo bisogno di fede nella vita eterna, abbiamo bisogno di speranza che animi l'agape evangelico e ci sappia impegnati nella giustizia per un fine di bene; abbiamo bisogno di Gesù morto e risorto che ci ricordi che la sua sorte è anche la nostra sorte.

*Lo glorificherà subito.* Non si potrà cogliere lo spessore di queste espressioni se non dopo aver sperimentato i fatti che concorrono al compimento dell'ora e all'andare dove i discepoli non possono andare: ricordiamoci che, nella simbologia giovannea, siamo al momento dei "segni" più eloquenti della vita di Cristo, e contemporaneamente nel tempo della vita della Chiesa, la cena, la lavanda dei piedi, il tradimento, il comandamento nuovo; parole e gesti che troveranno luce vivida dopo gli eventi storici della morte e risurrezione del Signore, dopo che Gesù stesso vivrà quella nuova pasqua che darà senso a tutta la sua vita e a tutte le vite dopo di lui.

Quando si dice che noi, credenti in Cristo, ne seguiamo le stesse orme, non dimentichiamo che dobbiamo seguire "queste" orme, che dobbiamo imitare e partecipare a questi gesti, parole, che devono essere da noi incarnati, vissuti, testimoniati, perché accolti, voluti, donati.

Voglia il Signore che la nostra vita liturgico-sacramentale non ci faccia mai smarrire quel senso, inevitabile e vitale, di una consequenzialità tra ciò che celebriamo e ciò che viviamo, tra rito e vita, tra culto ed esistenza, tra sacramento e carità.

Un ultimo inciso: *Voi mi cercherete.*

Chi ama cerca l'amato, come la sposa del Cantico (cfr Ct 1-2): l'anima fedele, la Chiesa, si pone e deve coltivare l'atteggiamento della ricerca.

Vi è un'ora in cui la sequela è del Maestro – *voi non potete venire* – e un'ora dove invece la sequela si attua necessariamente – *dove sono io siate anche voi* (Gv 14,3); ogni tempo si fa attesa e ogni attesa ricerca.

> Un comandamento nuovo vi do: che vi amiate gli uni gli altri;
> come io ho amato voi, anche voi amatevi gli uni gli altri.
> Da questo riconosceranno tutti che siete miei discepoli,
> se avete amore gli uni per gli altri.
>
> GIOVANNI 13,34-35

Quanto significative e nuove, ricche e belle, sono queste espressioni di Gesù. Da sempre ricordate e amate, da sempre poste come meta da raggiungere e come impegno da vivere.

Il comandamento nuovo. Il comandamento dell'amore.

Il "comando" di amare? Ma, logicamente, potremmo obiettare: l'amore non si comanda!

L'amore ci chiede una cosa sola: amare.

Ma direi che proprio per questo ci troviamo dinanzi ad *un comandamento nuovo* che ha, nelle parole *come io ho amato voi*, la forza che specifica e significa quel *che vi amiate gli uni gli altri*.

Una forza e una novità tale da essere carta d'identità, come usiamo dire, del cristiano – *da questo riconosceranno tutti che siete miei discepoli* – ma ugualmente un cammino arduo, che non può trovare fertile terreno se non nel cuore di chi crede e si affida amando, cioè pagando di persona, sull'esempio appunto di Gesù stesso.

Dobbiamo confessare con disarmante verità che molte volte, nella storia della comunità cristiana, nel suo insieme e nei singoli, e dunque anche nella storia di ciascuno di noi, abbiamo fatto della rivelazione del "comandamento nuovo" una vera e propria caricatura, un contenitore colmo di modalità e di perfezionismi che nulla ha a che fare con la novità della pasqua del Signore che diviene l'*humus* vitale dove dobbiamo leggere, per vivere, l'amore evangelico.

Non ci troviamo in questa inconcludenza, forse, quando, comunità e singoli, non sappiamo trovare alternative di accoglienza, di rispetto, dunque di amore, dinanzi ai tanti drammi vissuti da tanti fratelli? Non sperimentiamo, direi con pesantezza e fastidio, un retaggio di storia, certo passata ma che spesso con rigurgiti anti-evangelici, in modo subdolo e lento a morire, si ripresenta; un retaggio che ha visto la Chiesa, in nome di quel Cristo che è morto sulla croce per tutta l'umanità, "armarsi" per andare contro gli altri, più che porsi in atteggiamento di ascolto, dialogo, confronto, ricerca che invece il comandamento dell'amore dovrebbe istigare nel Dna di chi crede?

Si è molte volte più proclivi a sferzare l'animo degli altri con dettami, leggi, indicazioni, prescrizioni, più che veicolare l'unica strada propria della vita cristiana che è quella dell'amore: preveniente, confidente, accattivante, struggente, per i propri fratelli; amore che si pone vicino – cuore a cuore – a chi anche avesse sbagliato, facendo sperimentare lo sguardo stesso dell'amore di Cristo verso l'uomo!

Nella Chiesa vi sono intere categorie di persone che avrebbero bisogno di sperimentare con più afflato il soffio d'amore di Dio, sperimentare un amore *come* quello di Gesù; ma purtroppo, molte volte con quell'equivoco preconcetto che si nutre di un contorno evangelico non sapendo mai andare al cuore, ci rimane difficile porci nella novità d'amore di Gesù verso i cosiddetti "diversi" da noi.

Una diversità che fa paura o che molte volte si rifiuta a priori, una diversità poi etichettata da luoghi comuni e miopi visioni, per non dire giustificata da una lettura frettolosa della stessa Parola del Signore.

Vi sono per esempio dei veri e propri ambiti che necessitano, a mio parere, di essere rifondati, nella considerazione reale che ne promana: l'ambito della sessualità, della povertà, della giustizia.

Potrei riferirmi al dramma degli ormai troppi divorziati risposati; degli omosessuali travolti da una cultura di omofobia che inficia ogni aspetto della carità; ai politici che sono inclini al bene privato più che al bene pubblico e legiferano per i propri, diretti o indiretti, tornaconti; per non parlare dell'assillo della pace e della giustizia che sembrano ormai delle chimere planetarie e, in nome purtroppo dello stesso Dio, endemiche e volute situazioni che si trascinano per decenni producendo intere generazioni di "figli" dell'ingiustizia e della guerra.

Se da una parte constatiamo l'immenso impegno di uomini e donne indefessi che testimoniano, e dunque donano, nell'amore vissuto quel senso nuovo di un amore che sappia donare e pagare di persona, dall'altra constatiamo, anche all'interno della comunità cristiana, dei veri e propri inconcludenti retaggi, figli dell'asservimento al potere e all'arrivismo, che non hanno proprio nulla a che fare con la carità cristiana.

*Amatevi gli uni gli altri*. L'amore, come dicevo, non si può comandare dall'esterno ma è una forza vincente che dal profondo del cuore si esprime nelle forze vitali che ci fanno essere "per gli altri" e non "contro gli altri". Forze di mente, di cuore, di braccia che sanno donarsi sull'esempio, appunto, di Gesù stesso che donò la sua vita per amore. Proprio questa forza, che è poi lo Spirito che agisce in noi, diventa impellente, necessaria, imperativo che ci spinge, che ci fa stare accanto ai tanti bisognosi che hanno necessità di sperimentare cosa significhi amore.

*Amatevi gli uni gli altri*. Queste espressioni di Gesù, se accolte nella loro verità, non possono che porre in crisi le coscienze dei credenti, far pensare, o meglio ripensare, a come stiamo vivendo la nostra vita cristiana. Ben sappiamo, inoltre, che se saremo capaci di interrogarci sul "come" amiamo, arriveremo a sperimentare sempre più quanto "siamo" amati, e di conseguenza non potremo rispondere a tanto amore che amando.

*Amatevi gli uni gli altri.* Lo ripetiamo e lo ribadiamo: vi sia nel cuore di ognuno come una smania, un rigoglio che ci spinga ad amare, perché sperimentiamo quanto Dio ci ama. Un amore che rompe tutte le logiche inconcludenti del "non amore" che si annidano nei risvolti dell'umanità e stornano l'uomo dalla gioia di sentirsi amato e di amare.

Ricordiamoci che Gesù ci dona il comandamento nuovo che è l'amore fraterno, vicendevole, lasciandoci l'esempio dello schiavo, di colui che come "ultimo" – nella scelta fatta e non nella condizione subita – lava i piedi ai propri amici/discepoli.

Abbiamo bisogno, come un bisogno di dissetarsi alla fonte, di riperterci che il Signore ci ama, abbiamo bisogno di sperimentare l'amore reciproco, da fratelli accolti e voluti, abbiamo bisogno di una Chiesa "amante", povera e libera, serva dell'uomo e di ogni uomo, che oltre ai paramenti liturgici degni, belli e preziosi, sappia indossare il grembiule del servizio e della carità verso gli ultimi, gli sfruttati, gli emarginati, e non perché ciò già non lo faccia, ma perché la logica dell'amore richiede che lo faccia sempre di più.

Non possiamo, umilmente e felicemente, che ringraziare il Signore per questa sua consegna fattaci al termine della sua esistenza; possiamo, tutti e ciascuno, accoglierla con serio impegno, per una risposta audace che compia ogni giorno, verso ogni fratello, quei gesti d'amore che gli facciano ripetere che Dio ci ama.

Gli disse Simon Pietro: «Signore, dove vai?». Rispose Gesù: «Dove io vado, tu non mi puoi seguire ora; mi seguirai più tardi». Gli disse Pietro: «Signore, perché non posso seguirti ora? Darò la mia vita per te». Rispose Gesù: «Darai la tua vita per me? In verità, in verità ti dico: il gallo non canterà prima che tu mi abbia rinnegato tre volte».

GIOVANNI 13,36-38

Non solo il tradimento che, come abbiamo potuto comprendere, scarnifica il cuore di Cristo che vede scegliere il buio della menzogna da parte di un suo discepolo, ma anche il rinnegamento, il rifiuto, il "non ti conosco" da parte di colui che aveva scelto come primo tra tutti, deve subire il Maestro e Signore. Vi è bisogno di un cuore non solo che ami, ma che sia l'amore per entrare in questo abisso di carità che, pur sapendo, ama, perdona, richiama, risana.

*Simon Pietro!* Come sempre emerge il suo temperamento focoso, viscerale, ma, possiamo ben dire, così vicino ad ogni uomo, a ciascuno di noi, nelle mille situazioni della propria esistenza.

La sorte del discepolo sarà la stessa del maestro ma, come viene ricordato da Gesù, si compirà quando Dio stesso vorrà: *Dove io vado, tu non mi puoi seguire ora; mi seguirai più tardi.*

Ognuno di noi ha la sua "ora" da vivere e dunque si attende il momento in cui questa possa compiersi; non possiamo né anticiparla, né scansarla, né subirla: è necessario accoglierla, viverla, offrirla. Ancora una volta il *come io ho amato voi* ritorna con quella verità disarmante che specifica ogni scelta, decisione e orientamento dell'esistenza.

*Darò la mia vita per te.* Parole ricche di sincero affetto, espressioni ricolme di vero desiderio di aderire alla volontà del proprio maestro; Pietro non è un doppiogiochista, la sua forza e il suo coraggio sono sinceri, veramente è in grado di dare la sua vita per il Signore, come testimonia il mettersi a rischio al momento della cattura al Getsemani (cfr Gv 19,10-11). Tuttavia questo "dare" è inficiato da un tarlo che bisogna sempre eliminare, quello della propria

visione delle cose: Pietro si pone dinanzi agli eventi drammatici della pasqua di Cristo con la "sua" logica, non dando spazio, purtroppo, alla logica di Dio che, in Gesù, vuole
insegnargli altro.

Se ci si bada bene questo è il vero rinnegamento di Pietro!
Rinnegare, infatti, nella specificazione del termine significa
non riconoscere più come proprio qualcuno o qualcosa a
cui si era legati in modo unico con vincoli di affetto, di partecipazione, di coinvolgimento; il rapporto tra discepoli e
maestro proprio questo matura. Questo rinnegare, allora,
diviene il porsi in una dimensione diversa da quella scelta,
da quella necessaria, da quella da scoprire.

*In verità in verità ti dico...* Come avrà reagito Pietro all'annunzio, da parte di Gesù, del suo rinnegamento? E per ben
tre volte, viene espressamente ricordato. Di certo i frangenti così drammatici e coinvolgenti, che tra poco tutti vivranno, non hanno bisogno di far leggere comportamenti, parole, gesti, espressioni al di là di quello che veramente poi sono
stati; non siamo dinanzi a parole asettiche, dette tanto perché poste in un "si doveva" che non accoglie le volontà dei
singoli. La responsabilità è, e rimane, quella di ciascuno:
quella di Giuda il traditore, di Pietro che lo rinnega, dei ri-
manenti che fuggono, di Giovanni che resta fino alla fine.
Consapevoli di tutto ciò, questo non toglie che il desiderio di
dare la vita per Gesù se, da una parte, porterà Pietro alla
triplice sconfessione (che rinnega, nella sua euforia cieca,
l'amore donatogli dal Maestro), dall'altra lo condurrà a fare
per tre volte una professione di fede dinanzi al Risorto, proprio come risposta di fedeltà e d'amore: *Signore, tu conosci
tutto; tu sai che ti voglio bene* (Gv 21,17; cfr 21,15-19).

Si può rinnegare, rifiutare, tradire, sconfessare l'amore?

L'esperienza di Pietro, come l'esperienza di tanti nella
Storia, forse anche nella nostra storia, ci fa ripetere che non
solo si può rinnegare, ma, quando questo succede, rimane
l'amaro in bocca, come si suol dire, facendoci sperimentare

come molte volte, nonostante la nostra buona volontà, accogliere il tentatore è più facile che rifiutarlo.

Sappiamo come evolvono i fatti e come al rinnegamento segua il pianto del pentimento (cfr Lc 22,62); proprio questo diviene, per ciascuno di noi, il vero modo di saper leggere la drammaticità di questo episodio.

*Darai la tua vita per me?* Quasi con un senso di sfida, che sfiduci la pretesa sicurezza dell'apostolo, Gesù rivela che la presunzione di porsi in sintonia con lui ha bisogno di una fede adulta e provata, frutto di un amore unico e profondo.

Se tante volte ci ritroviamo nella stessa sorte di Pietro, nell'amara esperienza del rinnegare il Maestro amato, facciamo scorrere le nostre lacrime di pentimento e di dolore di fronte alla nostra inconcludenza e povertà d'amore.

Dio non ha paura della reale possibilità che ciascuno di noi ha di peccare, e dunque del nostro stesso peccato, ma di certo teme il nostro "non ritorno". Impariamo dall'Evangelo l'umile insegnamento di far nostre le parole del Maestro, anche quando non le comprendiamo o ci sembrano così diverse da ciò che avevamo pensato potessero essere: impariamo, in poche parole, a metterci in discussione, ad aprirci alla novità di Dio, a cercare la vera sintonia con la sua volontà, ad aderire con determinazione alla sua parola.

*Mi seguirai più tardi.* I tempi di Dio molte volte non si identificano con i nostri, tuttavia essi dovrebbero coincidere. I tempi dell'amore, i tempi che manifestano tale amore, i tempi che ci chiamano ad amare. La paziente attesa, di certo, non deluderà chi si affida, con fede e amore, al proprio Signore. Impariamo la lezione, come diciamo molte volte ai nostri bambini, per non ricadere nell'inconcludenza di una risposta al Signore che sveli e attesti la nostra poca fede.

*Il gallo non canterà...* Questo "gallo" è rimasto nell'immagine cristiana come l'emblema di un rinnegamento che si compie prima dell'alba, che si annida nelle tenebre della notte, che si pone nell'oscurità del cuore, che, quasi a desiderarlo, si nasconde dietro le situazioni e gli altri. Il gallo che canta raffigura indelebilmente Pietro nella sua iconografia; anche se noi gli abbiamo prepotentemente posto sempre e solo le chiavi in mano, non possiamo mai dimettere questa "icona" che richiama la sua esperienza ed è, a volte, l'esperienza dei discepoli di oggi. *Non lo conosco...*, *non lo sono* (suo discepolo)..., *no...* (cfr Gv 18,25-27). L'amarezza del diniego insegni, a ciascuno, a professare con coraggio la propria fede nel Signore, nella Chiesa, nel mondo, nella società, nella famiglia, in ogni ambiente.

# Evangelo di Giovanni
## Capitolo 14

Non si turbi il vostro cuore. Credete in Dio, e credete anche in me. Nella casa del Padre mio ci sono molti posti; se no, vi avrei forse detto che vado a prepararvi un posto? Quando sarò andato e vi avrò preparato un posto, ritornerò e vi prenderò con me, perché dove sono io siate anche voi. E dove io vado voi conoscete la via.

GIOVANNI 14,1-4

Le parole di Gesù si fanno confidenziali, vicine, amiche, personali, direi accorate, preoccupate, al fine di prevenire e lenire possibili smarrimenti, fraintendimenti, visioni non esatte di ciò che sta accadendo, ma, soprattutto, di ciò che accadrà dopo il compimento della "sua" ora.

Le espressioni di Gesù si fanno "gravi", profonde, a volte anche misteriose, ci vengono donate ricordandoci che soltanto in lui – nel suo Spirito che è amore – possono fruttificare e svelarsi nella loro verità, autenticità, novità. A noi la sfida di accoglierle, di comprenderle oggi nel suo Spirito, di incarnarle nella nostra esistenza di fede e d'amore.

*Non si turbi il vostro cuore.* Se si vive col Signore, uniti a lui, nella fede abbandonata a lui, il cuore dell'uomo non può turbarsi, non può paventare scossoni tali e tanti da perdere la strada intrapresa; la paura, il turbamento, l'esitazione non devono lenire quel necessario risvolto della fede che è, invece, l'abbandono, la fiducia, l'aspettativa, la speranza che non delude. Si comprende molto bene che dietro a queste espressioni vi è la ricerca continua di quella fedeltà al proprio credo che richiede coraggio e franchezza, che si nutre di parola e di preghiera, che si riscontra in quella carità segno dello stesso amore di Dio per i "suoi". Da qui nasce "il cuore non turbato" che richiede la professione della propria fede nel Signore.

*Credete in Dio e credete in me*. La fede ha bisogno di essere orientata, riproposta, rinforzata. Le care espressioni di Gesù rincuorano il cuore del credente, è lui che le ripete, a ciascuno di noi: *Credete in Dio e credete in me*. Abbiamo bisogno, come se si nascondesse una necessità che comunque viene alla luce, abbiamo bisogno di sentirci ripetere dal Maestro e Signore: «Credete! Credi in Dio! Credi in me!», in quella sintonia e identificazione – Dio-me – che diviene professione di fede di Gesù stesso nei confronti del Padre e ricorda a noi che lui è il Figlio di Dio e che noi figli, in lui, lo siamo realmente (cfr 1Gv 3,1). Abbiamo proprio bisogno di sentire queste espressioni, e di porle nel nostro cuore per attenuare ogni paura e porci, invece, nella necessaria, giusta e incondizionata sintonia tra la sua sorte e la nostra.

Questa continuità, tra la sua e la nostra sorte, ci viene ricordata nelle espressioni che ribadiscono che "l'andare" di Gesù ha bisogno di un "prosieguo": lui ci precede e noi lo seguiamo; lui va ma tornerà.

*Vado a prepararvi un posto*. Un'espressione che ci coinvolge. Gesù pensa ai "suoi", anzi il suo "partire", il suo precederci, ha come finalità quello di pensare ai suoi là dove si ritroverà ad essere, in perfetta comunione col Padre nello Spirito Amore; pensiero che diviene impegno: preparare un posto. Se è vero che si allontana da noi, lo fa portandoci con sé; noi rimaniamo con lui, affinché al suo ritorno possa prenderci con sé.

Ci troviamo a percorrere un cammino verso l'alto, come una spirale che si evolve verso l'acme, che vede il rapporto dell'umanità – di ogni uomo – con Gesù, mediatore tra Dio e gli uomini, in modo dinamico, progressivo, partecipativo, coinvolgente. Un rapporto che non si accontenta di risposte preconfezionate ma ci invita a conservare la nostra fede per ritrovarla nella novità della nostra comunione con lui.

*Dove sono io siate anche voi*. «Dove vai Gesù?», direbbe qualsiasi bambino dinanzi a queste espressioni, velate di tristezza, che attestano una "partenza". Benché ci ricordi che dove sarai tu saremo anche noi, rimane lo "scotto" della tua partenza. Dove vai? Un andare. In un altro luogo? Un andare. Definitivo? Un andare. Non ti vedremo più? Gesù va, ma anche noi andremo. Gesù deve andare, dunque ben venga che vada. Se Gesù va anche noi lo seguiremo. Lui ci precede... noi lo seguiremo!

Certo, le espressioni tradiscono una cruda realtà che bisogna saper interpretare grazie allo spessore della propria fede che si sappia abbandonare alla volontà di Dio; non solo alla volontà di Dio su di noi ma, per ritrovare quest'ultima, alla volontà di Dio per il suo Figlio! Solo così potremo carpire ciò che Dio ha preparato per noi.

La comunione è la riprova, già quaggiù, di un attendersi qualcosa che sarà senza fine, che ci porrà nell'eternità dell'Eterno, facendoci ritrovare creature nel mistero d'amore del Creatore. In tutto ciò Gesù, con la sua umanità redenta, ci precede e ci accompagna per quella "via" che è lui stesso. *E dove io vado voi conoscete la via*. Il ritrovarsi nella "via" ci porrà sì in lui, ma, ugualmente, ci ricorderà la sorte di ognuno di noi: lui vuole che ognuno di noi si ponga nel vortice di quella comunione con lui che ci attende, e ci attende per sempre, e che, con l'umana difficoltà del tempo della vita, iniziamo a costruire ogni giorno della nostra vita nel tempo che ci è donato di vivere.

Gli disse Tommaso: «Signore, non sappiamo dove vai, come possiamo conoscere la via?». Gli disse Gesù: «Io sono la via e la verità e la vita. Nessuno viene al Padre se non per mezzo di me. Se aveste conosciuto me, anche il Padre mio conoscereste, e fin d'ora lo conoscete e l'avete visto».

GIOVANNI 14,5-7

*Io sono la via e la verità e la vita*. Quanto familiari sono queste espressioni di Gesù, parole che spesso ci vengono alla mente, che spesso ripetiamo o che ci vengono ricordate; espressioni che, comunque, ci pongono dinanzi il Maestro e Signore che si rivela a noi, che – ieri, oggi e sempre – si pone dinanzi all'uomo come l'unica e necessaria guida, nella certezza del suo insegnamento che ci fa andare verso la vera vita e pone ogni credente nella consapevolezza/impegno di accogliere ciò che veramente Gesù è per noi. Si ascoltano con piacere queste espressioni, perché portano pace, infondono fiducia, fanno crescere nella speranza, alimentano e dilatano la fede.

*Io sono...* La rivelazione dell'identità divina di Gesù si specifica con tre attributi verbali che devono, direi necessariamente, porsi dentro l'afflato biblico per comprendersi nel loro vero significato e nella novità della portata rivelativa. Questa espressione, tante volte ripetuta nell'evangelo di Giovanni, rivela la realtà di Cristo a chi si accosta a lui. Per bocca stessa di Gesù, queste parole vanno oltre il loro significato e pongono nella comunione Gesù stesso e il Padre, Gesù e il discepolo, in un rapporto di rivelazione e di mistero da scoprire e vivere: *Nessuno viene al Padre se non per mezzo di me. Se aveste conosciuto me, anche il Padre mio conoscereste, e fin d'ora lo conoscete e l'avete visto.*

La tradizione iconografica, occidentale ma soprattutto orientale, ci ha spesso presentato queste espressioni come *Biblia pauperum* nell'Evangelo aperto dei *Pantocrator* bizantini delle cattedrali normanne; l'essere *via, verità e vita* di Gesù ci rivela chi è Gesù, ce lo fa conoscere in quel suo stesso desiderio di rivelarsi e farsi conoscere che, quasi a rimprovero, ci ricorderebbe: *Da tanto tempo sono con voi e non mi hai conosciuto?* (Gv 14,8).

Sono passati duemila anni e l'interrogativo dell'uomo su chi è Dio lo si ritrova impresso nel volto stesso di Gesù; contemplando il suo volto, su cui splende il volto del Padre, ci poniamo nella sintonia di accogliere la rivelazione di Dio per viverla con fedeltà e gioia.

Conoscere, nella Scrittura, come ben sappiamo va molto oltre il significato dell'espressione verbale, che si riferisce all'intelletto che scruta e, appunto, conosce, per porsi invece nell'ambito dell'esperienza diretta, della "cruda" realtà sperimentabile, anche se sempre con gli unici strumenti che ci pongono in rapporto con Dio, che sono la sua Grazia/Spirito e, nella sua Parola accolta nella Chiesa, la professione della fede di ciascuno. Intelletto e volontà, libertà e responsabilità, si coniugano nella fede/abbandono che va, molte volte, oltre le evidenze sperimentabili e ci pone nella ricerca del Mistero che solo l'amore, nella fede, può far accogliere e svelare.

Ritroviamo nel profondo del cuore dell'uomo, come desiderio recondito e stupendo, quello di conoscere Dio; Gesù ci rivela come fare: guardare e accogliere lui ci farà conoscere Dio, anzi ce lo fa già conoscere, qui e ora.

*Come possiamo conoscere la via?... Io sono la via e la verità e la vita.* Da una semplice domanda esplicativa nasce la rivelazione della domanda di sempre: chi sei Tu? Se Pietro poté rispondere, sotto l'azione dello Spirito del Signore, che Gesù era *il Cristo, il Figlio del Dio vivente* (Mt 16,16), qui è Gesù stesso che ci dice che egli è *via, verità e vita!*

Tre espressioni che divengono chiare ma che nascondono anche tante cose da scoprire, che ci permettono di entrare, seppur con l'umana possibilità, dentro il Mistero stesso di Dio che si rivela in Cristo, ma che ugualmente attestano l'insondabilità di questo stesso Mistero.

*Io sono la via.* Gesù è la via, non solo perché ci indica l'unica strada da seguire ma perché ci ricorda che è lui stesso la strada da percorrere: la sua vita, le sue parole, le sue azioni e i suoi gesti, tutto deve essere motivo per ricondurre ogni cosa al Padre e, in noi, a lui, il Signore!

*Io sono la verità.* Gesù è la verità non pensata o elucubrata ma personificata, ogni verità, tutta la verità. Porsi nella verità – dirla, difenderla, annunziarla – significherà ricordarsi che Gesù-verità ci vuole nella verità e non nella menzogna, tenebra di morte. Egli stesso, nel momento culminante della sua esistenza, dinanzi al procuratore romano avido di risposte che ne attestassero l'innocenza dinanzi alla falsità di coloro che invece glielo avevano condotto, dirà: *Per questo sono venuto nel mondo: per rendere testimonianza alla verità. Chiunque è dalla verità ascolta la mia voce* (Gv 18,37). Una verità, quella di Gesù, che va oltre la sua persona, una verità che donando la vita si fa dono da accogliere nell'ascolto della sua parola: *Se qualcuno ascolta le mie parole e non le osserva, io non lo condanno; perché non sono venuto per condannare il mondo, ma per salvare il mondo* (Gv 12,47). L'amore non condanna ma, nella verità, salva!

*Io sono la vita.* Non nella precarietà del tempo ma nell'eternità di una comunione che si attende e che già è iniziata. L'essere "vita" di Gesù nobilita, come l'acqua alla sua sorgente, la vita dell'uomo che diviene sacra e inviolabile in ogni suo istante, e ugualmente rimanda alla vita senza fine che erediteremo. Dirà Gesù: *Io sono la risurrezione e la vita: chi crede in me, anche se muore vivrà; chiunque vive e crede in me non morrà in eterno* (Gv 11,25s). Dinanzi alle tante sconfitte della vita umana ricordiamoci che questa, la vita, ci chiama all'eternità, dove nessun uomo potrà più mortificare il nostro essere stati creati a immagine e somiglianza di Dio (cfr Gen 1,26).

Con fede ripetiamoci le parole di Gesù – *Io sono la via e la verità e la vita* – e ritroviamo in esse la sua identità ma, ugualmente, sappiamo scorgere ciò che siamo noi nel progetto d'amore della Rivelazione che ci vuole in comunione con Dio e, in Gesù, figli di Dio e fratelli tra noi.

> Gli disse Filippo: «Signore, mostraci il Padre e ci basta».
> Gli disse Gesù: «Da tanto tempo sono con voi, e non mi hai
> conosciuto Filippo? Chi ha visto me, ha visto il Padre.
> Come puoi dire mostraci il Padre?».
>
> Giovanni 14,8-9

La rivelazione del volto di Gesù, che ci pone dinanzi il volto d'amore del Padre, ha bisogno di occhi nuovi per essere compresa e accolta; l'anelito a "vedere" Dio si fa volto concreto, storico, visibile, e dice all'uomo che Dio non è una chimera, né una idea, né un pensiero: Dio è una persona.

L'anelito a vedere si pone dinanzi all'inaudita novità dell'incarnazione con quello stupore che attesta l'invocazione: *Signore, mostraci il Padre e ci basta*. Ben sappiamo che il Dio fattosi carne ha bisogno degli occhi pasquali per cogliersi nella sua reale manifestazione, occhi ricolmi di quel soffio vitale che è lo Spirito Amore che ci svela il Mistero ponendoci nel Mistero.

Durante la stessa vita terrena Gesù rivela questa gloria pasquale. La trasfigurazione, infatti, questo attesta, manifesta, fa conoscere: *Pietro e i suoi compagni... videro la sua gloria* (Lc 9,32); e ugualmente oltre ad accompagnare i discepoli dentro lo scandalo della croce, diviene esperienza vissuta che nella memoria ricorda, a loro ma a tutta la Chiesa, la necessità di un rapporto vivo con le divine Scritture: *Ascoltatelo!* (Lc 9,35). Come potremmo mai presumere di conoscere, vedere, il Signore se non accogliendo questo imperativo d'amore?

Significativamente, dopo la stessa risurrezione, coloro che dovrebbero conoscere Gesù ne sembrano, invece, incapaci, interdetti. Maria di Magdala si rivolge al misterioso ortolano del giardino chiedendo: *Se l'hai portato via tu dimmi dove l'hai portato* (Gv 20,15). Ugualmente durante l'apparizione del Risorto sul mare di Tiberiade: *I discepoli non si erano accorti che era Gesù* (Gv 21,4); e quello stesso giorno Cleopa e il suo compagno di viaggio verso Emmaus vengono presentati come coloro i cui occhi *erano incapaci di riconoscerlo* (Lc 24,16).

Anche in questi versetti Filippo viene apostrofato: *Non mi hai conosciuto.*

Siamo dinanzi a una, la chiamerei, incapacità strutturale, a una cecità reale che diviene riprova del bisogno di un rapporto nuovo da instaurarsi con Dio, che non può giocarsi su logiche umane e quasi scontate, ma ha bisogno di andare oltre, e scorgere, accogliere, far proprio il volto di Dio nella logica di Dio. E la logica di Dio, in questo caso, diviene foriera di un "surplus" di rivelazione che cerca di farci capire chi è Gesù: *Chi ha visto me ha visto il Padre.*

L'unicità del Dio della rivelazione si presenta in quella diversità di persona che ugualmente attesta l'essere uno; diviene arduo impegno il saper accogliere, e riconoscerlo come tale, un Dio incarnato, storico, temporale, e in quanto tale rivelante il vero volto di Dio per noi. L'anelito profondo dell'uomo, alla ricerca di Dio, viene colmato da un volto che "ci dice" chi è Dio; un volto che ha un nome, una storia, una famiglia, un popolo di appartenenza: Gesù di Nazaret, nato a Betlemme e in cammino verso la celebrazione della sua pasqua di morte e risurrezione a Gerusalemme.

L'identificazione del volto del Figlio con quello del Padre rivela un'ulteriore verità che ci coinvolge: dietro il volto di Gesù c'è il volto di ogni uomo, ci siamo noi. Il volto del fratello da scoprire, accogliere e amare, il volto dell'uomo come *sfreghis* che rimane indelebilmente segnato per la vita e per l'eternità; un rimanere che annunzia la necessità di ricercare Dio non lontano da noi, non oltre il cielo o sotto la terra bensì dentro di noi e dinanzi a noi.

Abbiamo bisogno, come dicevo, di andare oltre, in una parola abbiamo bisogno di farci mendicanti e accogliere il dono di Dio per noi, che è il suo Figlio benedetto, e nel suo Figlio ogni fratello e sorella della Storia. Un dono che si riflette sul volto di ogni fratello e che vuole sempre più farci toccare con mano il suo grande amore per ciascun uomo.

Da credenti in Cristo che hanno accolto la sua rivelazione d'amore, che si sentono ripetere «Chi ha visto me ha visto il Padre», dobbiamo crescere, con serietà e responsabilità, nell'accoglienza dell'altro; troppa indifferenza, troppi pregiudizi, troppa incapacità di andare oltre... La Chiesa ha bisogno di riscoprire la gioia dell'accoglienza cristiana del volto del fratello, senza pregiudizi, senza visioni moraleggianti, senza ristrettezze mentali, culturali e ideologiche; abbiamo bisogno di riandare oltre... Di tornare alla novità del Vangelo che supera le barriere che l'uomo stesso ha posto nei suoi confronti, nei confronti dei suoi simili, nei confronti dei "diversi" che la Storia etichetta secondo i momenti e i tempi.

La credibilità della comunità cristiana non passa dalla carità che mira a lenire i bisogni dell'altro ma passa dall'accoglienza dell'altro che, in quanto accolto e amato, viene sostentato in ogni suo possibile bisogno; la logica dell'Evangelo non è un club di beneficenza ma un vero annunzio di rivoluzionaria accoglienza che sappia, nel dialogo e nell'ascolto, andare verso l'altro amandolo proprio perché specchio di quel volto che *in primis* ci ha rivelato il volto del Padre. Ricordiamoci che il volto di Cristo è un volto umano, cioè della razza umana, dell'uomo in quanto tale; ricordiamoci che in lui abbiamo già in cielo quel corpo glorificato che pur attendendo il suo pieno compimento chiama ogni corpo, ogni uomo, a quella sorte di felicità e di gioia che, come cristiani, noi qui, ora, oggi, abbiamo la responsabilità e il compito di testimoniare e donare ai fratelli.

> Non credi che io sono nel Padre e il Padre è in me? Le parole che io vi dico, non le dico da me; il Padre che è in me fa le sue opere. Credetemi: io sono nel Padre e il Padre è in me. Almeno credete a causa delle opere stesse.
>
> Giovanni 14,10-11

Il rapporto che vige tra Gesù e il Padre suo non si potrà cogliere in quell'immediatezza che un rapporto parentale presenta: siamo dinanzi al Mistero del Dio fattosi carne pur rimanendo Dio e del Padre che inviando il Figlio non si allontana da lui.

Gesù rivolge un'invocazione che è una supplica ai suoi discepoli, invitandoli non a pensare alle sue parole ma ad accoglierle nella fede: *Credetemi*. Come a dire: ponetevi nella giusta prospettiva altrimenti vanificherete tutto; fatevi guidare, come dirà esplicitamente dopo, dallo Spirito santo che è, e rimane, l'unico garante che ci svela la verità di questo rapporto tra Padre e Figlio.

Per ben cinque volte in questi due versetti che contengono 52 parole Gesù nomina il Padre, rivelando la preoccupazione di far comprendere, a Filippo e dunque a ciascuno di noi, che rapporto vige tra Padre e Figlio; un rapporto che, almeno in queste espressioni, può benissimo esprimersi in un'identificazione che è comunione e che si pone in essere, nell'ambito storico della vita terrena di Gesù, in un far conoscere le "sue" parole, che sono quelle del Padre.

Vi è una consequenzialità tra le parole che pronuncia Gesù e le opere che compie; una consequenzialità che è connessa al suo rapporto col Padre: il suo essere, e riconoscersi, Figlio, il suo rispondere continuamente, nella sua esistenza, alla volontà del Padre con pronta obbedienza tanto da uguagliarlo al cibo che lo sostenta – *mio cibo è fare la volontà di colui che mi ha mandato e compiere la sua opera* (Gv 4,34) – diventano quell'*humus* dove si costruisce la vita stessa di Gesù, rivelandosi specchio della vita divina che si rivela.

*Io sono nel Padre e il Padre è in me.* Ancora una volta ci troviamo dinanzi a una frase rivelatrice della divinità di Gesù – *Io sono...* – che rivela il rapporto che intercorre con Dio, nella diversità delle Persone divine e nell'unicità dell'essere Iddio.

Ci troviamo dinanzi a un abisso che le espressioni verbali, pur comunicandoci qualcosa, non colmano; l'abisso di un rapporto, tra Padre e Figlio, di identificazione, di comunione, di mistero. Le stesse espressioni in quanto tali sono soltanto un pallido tentativo di far comprendere alla mente umana questo rapporto di vita.

Gesù si rifà alle sue parole e alle opere conseguenti le parole stesse; la stessa comunione che vige tra Gesù e il Padre la ritroviamo nel rapporto parole-opere, anzi queste ultime divengono la riprova del dire di Cristo e del rapporto che il suo dire ha col Padre stesso.

*Almeno credete a causa delle opere stesse.* Espressione quasi enigmatica di Gesù che ricorda ai suoi discepoli come è diffi- cile comprendere il vero rapporto che intercorre tra lui e il Padre; sembra che Gesù dica: il mio essere *nel Padre* e l'essere del Padre *in me* si può scorgere grazie al mio operato; dai miei "segni" potreste riandare alla verità di questo rapporto che vi rivelo. Anzi, i miei segni vi testimoniano Dio stesso, il suo ope- rare, vi dicono chiaramente che io e lui siamo un'unica cosa.

Essere un'unica cosa dice comunque identità e distinzione: siamo dinanzi a Dio, siamo dinanzi al Padre e al Figlio.

A noi, come si può ben comprendere, resta lo stupore di Filippo che si legge dall'interrogativo che Gesù gli rivolge: *Non credi che io sono nel Padre e il Padre è in me?* Quasi a testi- moniare il bisogno, come in altre pagine del Vangelo si evin- ce, di supplicare il Signore stesso: credo, ma accresci la mia fede o Signore; aiuta la mia incredulità; ho bisogno del tuo aiuto! (cfr Lc 17,6; Mc 9,24). Una supplica, un'invocazione, una preghiera che ha tanto bisogno di silenzio, un silenzio adorante, un silenzio di accoglienza, un silenzio abitato da una presenza che è la presenza del Dio con noi.

Che il Signore ci doni di poter sperimentare una fede adulta, che nel silenzio adorante sappia accogliere i suoi imperscrutabili disegni, e che nell'adesione di tutti noi stes- si al volere del Padre ci dia la grazia di percorrere la stessa strada di Gesù verso il cielo.

> In verità, in verità vi dico: anche chi crede in me, farà le opere che io faccio e ne farà di più grandi, perché io vado al Padre. E quanto chiederete nel mio nome lo farò, affinché il Padre sia glorificato, nel Figlio. Se mi chiederete qualcosa nel mio nome, lo farò.
>
> Giovanni 14,12-14

*Signore, dove vai?* (Gv 13,36). La domanda già posta da Pie- tro ha adesso una risposta da parte di Gesù: *Io vado al Padre.*

La "partenza" di Gesù investe i discepoli di una responsabilità nuova che ricorda come tutti coloro che credono in Cristo si pongono in quella sintonia con lui che dice continuità della sua missione. Accogliere la vocazione al discepolato di Gesù deputa a continuare l'opera del Maestro nel mondo, una missione che si compie in lui e tramite lui: *Io sono con voi tutti i giorni, fino alla fine del mondo* (Mt 28,20).

Il rapporto di continuità si instaura e si mantiene tramite la fede: *Chi crede in me...* La fede è connessa con la vita e dunque chiama coloro che credono in Cristo ad agire, a fare, a operare: il discepolo che crede nel Maestro *farà le opere che io faccio* – dice Gesù – *e ne farà di più grandi*.

Una continuità che fruttifica. Un frutto che matura.

L'unicità del mistero dell'incarnazione, che pone il Figlio di Dio dentro le categorie circoscritte dello spazio e del tempo, nella presenza e nello sperare dei cristiani si dilata, si diffonde, si espande per tutto il mondo, per tutti i tempi, per tutti i luoghi. La stessa vita di Gesù, così breve e circoscritta nel suo ministero pubblico, non potrà mai equipararsi con i numerosi lustri di grandi santi personaggi della Storia che di certo, in questo, hanno fatto cose più grandi di lui, in un impegno costante e unico a far agire lo Spirito, santo e vivificante, nelle loro vite, che inevitabilmente fruttifica portando i semi del Vangelo nella Storia.

*Io vado al Padre*. Un'espressione concisa ma di struggente attesa. Per questo sono venuto: per fare la sua volontà. Per questo attendo il compimento della mia opera nel suo volere: attendo di fare ritorno al Padre da dove sono stato tratto (cfr Gv 18,37; 16,28). In Gesù raccogliamo ancora una volta la rivelazione di un rapporto filiale che attende, nel suo compiersi, di ricapitolare tutte le cose in lui.

Il suo "andare" non interrompe il rapporto con i discepoli, anzi saranno proprio questi che porranno, nella continuità della risposta di fede, un rapporto di familiarità che si chiama comunione: *Quanto chiederete nel mio nome lo farò*. Non siamo dinanzi a promesse di circostanza; nelle espressioni così "divine" di Gesù emerge sempre il Padre: *Affinché il Padre sia glorificato, nel Figlio.*

Cosa nascondono queste parole così profonde? La glorificazione del Padre, cioè il dargli gloria riconoscendolo per ciò che egli è, la si deve cogliere nella glorificazione del Figlio; quest'ultima si compie nell'adempimento dell'ora della Storia, la morte e risurrezione, la pasqua attesa e vissuta di Gesù. Sarà impegno del discepolo, ponendosi nella fede sulla stessa lunghezza d'onda del Maestro e Signore, ritrovarsi in quella confidenza che accoglie nelle parole stesse di Gesù – *se mi chiederete qualcosa nel mio nome, lo farò* – il reale impegno a bussare al cuore di Dio per i propri e altrui bisogni, con confidenza e amore.

Quanta responsabilità! Che cosa chiediamo al Padre nel nome di Gesù? Come viviamo, facendoci realmente coinvolgere, nel nesso tra la necessità di chiedere con la ricerca e l'attuazione della stessa volontà del Padre per noi? Cosa ribadisce la glorificazione del Padre, nel Figlio, che il nostro chiedere attua nella Storia? Altro che richieste piccine e interessate, altro che infantili intenzioni che nascondono secondi ed egoistici fini! Abbiamo tra le mani, meglio nei nostri cuori oranti, le sorti del mondo, dei popoli, dell'umanità, delle genti, delle nazioni, dei singoli.

Ah, se solo credessimo un po' di più alla forza dirompente – come un'atomica che fa esplodere il suo carico di vita e non di morte – della preghiera, come tanti santi, di ieri e di oggi, ci testimoniano; con la nostra preghiera possiamo di certo orientare la storia dell'umanità verso quel bene che è il compimento del Regno, che arriverà al suo fine, come è inevitabile, nel progetto d'amore di Dio. Proprio la fede nella forza della preghiera chiede a ciascuno di noi di farsi carico di questo adempimento, unendosi a Cristo e dando gloria al Padre.

Diceva un grande mistico dei nostri giorni, il sindaco santo Giorgio La Pira, che la preghiera è la forza trainante della Storia. Poniamoci sulla scia della preghiera di Gesù che adempie la volontà del Padre, che offrendosi come sacrificio soave dà gloria a Dio, che ponendosi nella Storia come uomo di preghiera insegna a ciascuno di noi a pregare come un'esigenza che ci specifica e dà senso a tutto ciò che possiamo fare e dire.

Gesù ci ripete: *Affinché il Padre sia glorificato...* Sì, vogliamo che il Padre sia glorificato e sia riconosciuto come colui che ha dato e continua a dare all'umanità intera quella forza necessaria per ritrovarsi viventi. Se, in Gesù e come Gesù, la nostra vita deve glorificare il Padre, nella nostra vita facciamo sì che la nostra preghiera, glorificandolo, ci doni quel senso sempre nuovo di un porci nella Storia accogliendola, amandola e vivendola come dono di Dio. Che lo Spirito del Signore ci faccia scoprire sempre più la necessità di prenderci cura dei bisogni dei fratelli, e che la nostra preghiera sia per ogni uomo e donna di questo mondo, che di certo ha bisogno anche del nostro ricordo orante per una risposta di vita nuova e fedele alla propria umanità.

Se mi amate, osserverete i miei comandamenti. Io pregherò il Padre ed egli vi darà un altro Paraclito, affinché sia per sempre con voi, lo Spirito di verità, che il mondo non può accogliere, perché non lo vede né lo conosce. Voi lo conoscete, perché dimora presso di voi e sarà in voi.

GIOVANNI 14,15-17

La nostra preghiera prende corpo e significato soltanto nella logica dell'amore che richiede obbedienza, cioè accoglienza fiduciosa del comandamento nuovo: *Se mi amate –* dice il Signore *– osserverete i miei comandamenti.* Si comprende molto bene, proprio alla luce di tutto il discorso di addio del Maestro, che l'osservanza dei comandamenti rimanda a una visione nuova, che ha proprio nell'amore la sua fonte e il suo cuore. Nella vita cristiana il Cristo non è venuto a

instaurare un'osservanza esteriore, come l'antica economia veterotestamentaria per certi versi veicolava, bensì ha
instaurato la "legge nuova" in quella mozione proveniente
dal suo stesso Spirito, che diviene imperativo interiore che
ci spinge a operare il bene; i comandamenti della "nuova
legge", direbbe l'apostolo Paolo, si possono condensare in
uno solo: *Amerai il tuo prossimo come te stesso* (Gal 5,14).

La preghiera del cristiano si storicizza grazie al dono del
Paraclito che il Padre, per supplica del Figlio, invia. Il Paraclito, il difensore, il consolatore, si pone ad argine, nella vita del
credente, di ogni possibile smarrimento, rinsaldando la fede
che si traduce in vita vissuta.

La presenza del Paraclito, nella vita del Figlio di Dio, è una
presenza permanente, come già lo fu nella vita del Figlio del
Padre – *affinché sia sempre con voi* – una presenza che è capace di coniugare l'amore e l'osservanza dei comandamenti. In
un mondo che *non può accogliere* tale dono, perché si pone
fuori dalla logica di Dio – *non lo vede né lo conosce* – l'aver accolto il dono del Padre diventa la vera novità della vita cristiana da accogliere e maturare in pienezza.

Gesù inoltre non solo annunzia questa partecipazione di
Dio all'uomo: il Paraclito non è altro che lui stesso, Dio, che
si pone nel cuore dell'uomo e lo divinizza ponendolo nella
sorte che da sempre gli appartiene, quella della comunione
con Dio; non solo lo annunzia ma lo pone nella familiarità del
"conoscere" che diviene esperienza d'amore e frutto d'amore
concreto e vissuto. *Voi lo conoscete*. Non si potrebbero ascoltare parole più consolanti di queste: il Paraclito ci è talmente
familiare che la sua presenza è evidente, la si percepisce, la si
vive con quella vicinanza e condivisione che accomuna e diviene un'unica cosa con la persona stessa.

Noi "conosciamo" lo Spirito di Dio, il suo operare, la sua
presenza che crea sintonia e comunione; lo conosciamo e,
come se non bastasse, si specifica che tale conoscenza è
frutto del fatto che egli *dimora presso di voi e sarà con voi*, dice

Gesù. Il dimorare pone la presenza dello Spirito nella permanenza di un intervento che, come si accennava, diventa familiare. Tuttavia, quasi vi fosse bisogno di specificare e approfondire ancor di più, viene detto che tale dimorare si pone in noi – *sarà con voi* – a ricordare che lo Spirito diventa tutt'uno con noi stessi e ci fa divenire uomini e donne spirituali, cioè animati dalla presenza del Paraclito, sostenuti dal suo soffio vitale, posti nella comunione con Dio stesso che lo Spirito ci rivela rivelandosi: Spirito del Padre e del Figlio.

Tra l'anima fedele e il Paraclito – *altro* – come viene ricordato: *Egli* (il Padre) *vi darà un altro Paraclito.* Gesù è il primo difensore del discepolo. Dopo la sua morte e risurrezione continua la sua opera di difesa e conforto il Suo Spirito d'amore, altro Paraclito donatoci dal Padre.

La dipartita di Gesù, Paraclito del Padre per noi, non deve affliggerci, perché il Padre non ci lascia orfani; ci darà infatti un altro Paraclito che è *lo Spirito di verità.* Anche Gesù, come abbiamo visto, si presenta come la verità – *Io sono la verità* –, ugualmente lo Spirito è Spirito di verità. Le espressioni, ancora una volta, rivelano ma non possono che nascondere ancora una conoscenza del Mistero che ha sempre più bisogno di esperienza di fede la quale, seppur celandosi nella fede stessa, ci fa percepire qualcosa del Mistero che professa.

Il Padre pregato da Gesù, il Paraclito "altro" da Gesù, lo Spirito, come Gesù, verità: il cristiano che ama e accoglie la parola di vita si pone dinanzi al Mistero di Dio per lui. Tutte queste espressioni dovrebbero ricordarci che il nostro rapporto con Dio deve essere guidato e animato dall'amore che, come si diceva, la stessa osservanza del comandamento nuovo esige: *Amatevi come io vi ho amati* (Gv 13,34).

Bisogna svincolarsi da una vita cristiana dove i precetti prendono il posto dello Spirito di verità; dove il Paraclito, colui che amandoci ci difende, trova pavidi e indecisi, uomini incapaci di *parresia* evangelica. Lo Spirito, se è Spirito di verità, d'amore, deve divenire l'anima dell'amore del cristiano, deve ritrovarsi in ogni risposta di fede dell'uomo che crede. Il ritrovarsi plasmati dallo Spirito diventerà la conferma non solo dell'amore di Dio che è in noi, ma del nostro operare in Dio che solo in lui si compie.

La Chiesa tutta ha sempre più bisogno di una "ventata" di Spirito Consolatore, di Paraclito che manifesti le sue difese da un mondo che, per alcuni versi, rimane incapace di accogliere la verità e la vita e si pone in lotta con la speranza che la comunità cristiana annunzia e anima. Non dipende, forse, dalla capacità di operare dello Spirito in noi l'incisività dell'annunzio e della testimonianza cristiana, che deve pervadere ogni ambito dell'esistenza umana e ritrovare, nelle persone di buona volontà, quella sua presenza che consola e guarisce?

Cammino dunque sempre in avanti, con fiducia e amore, nella certezza che la preghiera di Gesù – *io pregherò il Padre* – non è una preghiera di un momento ma, in quell'eternità dove il corpo glorificato del risorto "siede", si pone come invocazione costante, permanente, insistente la quale, nella logica della comunione, non attende risposte visto che queste, le risposte alla supplica divina, sono realtà un atto che si pone nel tempo come presenza operante. Spetta unicamente a ciascuno di noi, nell'accoglienza fedele, porsi la domanda dell'impegno a far fruttificare tale presenza in se stessi e nel mondo in cui si vive. Un augurio che diventi impegno, un impegno che diventi gioiosa adesione di fede che sappia rispondere a ciò che lo stesso Spirito, in noi, ci detta continuamente.

Non vi lascerò orfani, ritornerò da voi. Ancora un poco e il mondo non mi vedrà più, ma voi mi vedrete perché io vivo e voi vivrete. In quel giorno voi riconoscerete che io sono nel Padre, voi in me ed io in voi. Chi accoglie i miei comandamenti e li osserva, è uno che mi ama. Colui che mi ama sarà amato dal Padre mio e anch'io lo amerò e manifesterò a lui me stesso.

GIOVANNI 14,18-21

La sintonia della vita nell'amore apre, dinanzi a noi, quel Mistero di Dio che rimane tale ma si pone nel tempo, nella storia, come esigenza d'amore da accogliere e vivere. In questa logica, la logica del dono, dell'amore, dell'agape, troviamo risposte umane e necessarie alla scelta del Maestro di andare e rimanere.

Un Dio che ci dona il suo Figlio per portarlo dinanzi ai tribunali degli uomini e al patibolo più infame. Un Dio che ci dona un futuro, nella sua presenza. Confessiamo che tale presenza diviene evanescente se, appunto, non la si pone nella logica dell'amore di Dio. Difatti cosa potrebbe comprendere la logica umana delle scelte che Gesù sta attuando? L'aver scelto i discepoli, l'essere stato con loro per anni e adesso... adesso la partenza: annunziata, e dunque compresa, capita, accettata, voluta. Un "andare" che necessita di sapersi comprendere, nelle parole nuove del Maestro; un "sapere" che molte volte ci sfugge. Possibile che Gesù scelga di andarsene, non essendo più quel punto di riferimento di cui i discepoli non solo hanno bisogno ma di cui non possono fare a meno per continuare il cammino intrapreso?

Se da una parte Gesù attesta, con inevitabile sconcerto nell'intimo dei suoi, che tra poco non ci sarà più e il mondo non lo vedrà più, dall'altra pone parole di conforto che rincuorano l'animo degli stupefatti ascoltatori e accompagnano queste ultime ore di convivenza: *Non vi lascerò orfani, ritornerò a voi.* Pur dinanzi all'inappellabilità delle sue scelte, la dipartita di Gesù è posta nella profezia del ritorno: *Voi mi vedrete perché io vivo e voi vivrete.* Pur dinanzi al buio dell'assenza, la fede ci ripete che i sensi dell'uomo saranno sempre coinvolti in una risposta che attesterà la sua divina presenza: *Mi vedrete... io vivo...* Una risposta che coinvolge anche gli astanti: non solo *io vivo*, dice Gesù, ma voi stessi *vivrete*, come a ridire che la sorte del Maestro e/è quella dei discepoli (che) si uniscono e si identificano per la Storia e per l'eternità.

*In quel giorno...* La dimensione dell'eternità, che in Gesù si fa presenza nel tempo, non oscura il senso stesso dell'eterno che viene richiamato, ricordato, detto e optato come fine dell'esistenza cristiana redenta.

Come un ritornello che unisce cielo e terra Gesù ricorda ai suoi: *Chi accoglie i miei comandamenti e li osserva, è uno che mi ama*. L'amore che si traduce in concreta obbedienza diviene quel "sì" che, da sempre, coinvolge e chiama l'amante ad amare l'amore, accogliendone ogni parola e ponendolo nella "sua" storia di salvezza.

Il rapporto che si vive nell'amore, tra Gesù e il discepolo, travalica la dualità per richiamare, nell'esperienza di Gesù, la Trinità, e nell'esperienza del discepolo la comunione.

Chi ama Gesù sarà amato dal Padre, oltre che da Gesù stesso; in questo amore Gesù si manifesterà – *anch'io lo amo e manifesterò a lui me stesso* – e si porrà in una conoscenza tutta da scoprire e accogliere.

L'amore non recrimina, non attende contraccambi, non si pone nella logica delle ricompense umane, non ha neanche bisogno di sapere: l'amore ama e in questo amare scopre la bellezza e la verità dell'altro e di se stesso.

Queste espressioni di Gesù hanno bisogno di essere contemplate nella vita di fede, hanno bisogno di sperimentarsi nella risposta d'amore che ciascuno dona, hanno bisogno di essere scolpite, come indelebile scritta, nel cuore stesso della Chiesa che è la sposa del Signore.

Nella vita che conduciamo a volte smarriamo il vero senso di un amore che sull'esempio di Gesù stesso diviene "agape", ricordando come dietro questa espressione ritroviamo il senso di una gratuità infinita e pura da ogni macchia di pretesa; sarà l'agape evangelico la scoperta della bellezza di un Dio amore che si dona nell'amore, che si è fatto visibile e palpabile, udibile e toccabile; un mistero, quello dell'amore, che continua, non si esaurisce, ma nella prospettiva del *misterium/sacramentum* si pone nella Chiesa come presenza che interroga e addita all'essenziale la fede, per purificarla da orpelli umani e da riscontri matematici. Un mistero d'amore che ci chiama ad accogliere Dio così come egli è: *Dio è amore* (1Gv 4,16).

Comprendiamo dunque le care e confortanti espressioni di Gesù: *In quel giorno voi riconoscerete che io sono nel Padre, voi in me e io in voi.*

Nel giorno dei giorni, che attendiamo e speriamo, che erediteremo e vivremo nella gioia del compimento, si farà a noi chiara la verità del Padre per noi e la comunione tra il Padre e il Figlio, ci verrà donato il senso profondo del nostro essere in Gesù e del nostro ritrovarci in lui; ci verranno svelati, nello Spirito Amore, quelle modalità che ci faranno riconoscere il Mistero di Dio perché, come la nostra altissima vocazione cristiana ci attesta, *lo vedremo così come egli è* (1Gv 3,2).

Gli disse Giuda, non l'Iscariota: «Signore, che è mai successo che tu stai per manifestare te stesso a noi e non al mondo?». Gli rispose Gesù: «Se qualcuno mi ama osserverà la mia parola e il Padre mio lo amerà e noi verremo a lui e prenderemo dimora presso di lui. Colui che non mi ama, non osserva le mie parole. E la parola che voi ascoltate non è mia ma del Padre che mi ha mandato».

GIOVANNI 14,22-24

Dobbiamo ringraziare Giuda Taddeo, identificato qui come *non l'Iscariota*, per questa curiosa domanda chiarificatrice fatta a Gesù. Infatti la risposta sul perché la manifestazione di Cristo passi ai discepoli e non al mondo ci fa comprendere il vitale ruolo di questi nella rivelazione di Gesù e nel rapporto che, conseguentemente, questi hanno sia con Gesù che col Padre. Il discepolo ama il Maestro, e in lui il Padre; il Padre che, amando il Figlio, ama il discepolo e, come esito che ne deriva, si ritrova a manifestare il suo amore che è il Figlio e che dunque è amore per il discepolo.

Questa circolarità di relazione, guidata, animata, dominata dall'amore – lo Spirito di verità – è in questi versetti presentata in riferimento alla Parola, donata, accolta, ascoltata, osservata.

In uno stile molto efficace si passa dal singolare al plurale della parola e delle parole che comunque è invito ad accogliere il *Verbum inspiratum* come motivo dominante di ogni scelta. Ritorna anche qui come l'espressione dell'amore – *se qualcuno mi ama* – divenga riprova dell'accogliere, obbedire, osservare, fare propria la Parola di Gesù, la Parola del Padre; ci si ritrova in un suasivo invito a mettersi in discussione dinanzi a una Parola che può esserci anche familiare ma che, leggendosi, ascoltandosi nella fede, svela a noi stessi quel profondo rapporto tra Gesù e il Padre suo e contemporaneamente tra noi, Gesù e il Padre in Gesù. Un percorso tutto da scoprire, da tener presente e ugualmente anche da sperimentare.

L'agape evangelico diviene allora non un sentimento amorfo ma una risposta esistenziale e coinvolgente in un'esperienza che travolge il quieto vivere umano per porre l'umanità, la nostra umanità, dentro lo stesso Mistero di Dio.

*Il Padre mio lo amerà e noi verremo a lui e prenderemo dimora presso di lui.* Questa frase esprime tutta la consequenzialità di un rapporto che fa nascere un legame unico e indissolubile che l'amore instaura, coltiva, approfondisce e matura. Con l'immagine della dimora – dimorare, stare permanentemente a proprio agio, ritrovarsi al proprio posto, instaurare un rapporto stabile e duraturo – si coglie la dimensione filiale che se da una parte ci manifesta la relazione tra Padre e Figlio, dall'altra ci rivela la comunione che vige tra le persone divine e noi discepoli che ascoltiamo e osserviamo la Parola di salvezza.

Il prendere dimora, del Padre e del Figlio, diviene quell'esperienza che ci fa toccare con mano l'amore del Signore e che, come conseguenza, attende da ciascuno di noi una risposta: la familiarità con la Parola, l'impegno costante ad andarle incontro, l'ascolto obbediente che da essa scaturisce nell'adempiere il volere di Dio per noi, siano la riprova di un impegno che pervada la nostra vita spirituale – vita nello Spirito – divenendo chiara testimonianza dell'amore di Dio in noi.

Quest'impegno può vederci partecipi o anche indifferenti. Afferma Gesù: *Se qualcuno mi ama... Colui che non mi ama...* Osservare o non osservare la sua Parola è una reale possibilità che si pone dinanzi alla nostra libertà e ci invita alla scelta. Nella fede, che è abbandono, saremmo in grado, nonostante tutto, di rinnovare la nostra adesione al Signore, saremmo in grado di porci nella dimensione dell'accoglienza obbediente, saremmo capaci di stornare da noi la possibile e reale – molte volte cocente e ammaliante – possibilità di *non amare*, e dunque di *non osservare*, ciò che il Signore ci dice.

*La Parola che voi ascoltate non è mia ma del Padre che mi ha mandato.* Sopra abbiamo accolto l'interrogativo di Filippo sullo struggente desiderio dell'animo umano di vedere Dio – *mostraci il Padre, e ci basta* (Gv 14,8) – come riprova di una risposta da parte di Gesù che identifica il suo volto, la sua persona, con quella del Padre, facendo del nostro Dio un unico Dio in persone diverse. Se ne deduce che questa identificazione pone ugualmente, nell'ambito della Parola annunziata e donata, la stessa sorte tra le parole del Maestro che sono le parole del Padre; infatti ciò che noi ascoltiamo ci viene donato dal Figlio ma sono espressioni del Padre. È il Padre che ha mandato il Figlio, è lui che inviandolo nel mondo ci ripete che non giudica il mondo (perché sarà la stessa Parola che si ergerà a giudizio, nella misura in cui sarà accolta o rifiutata), bensì lo salva attraverso il Figlio.

Consolanti espressioni che nella frenesia di un mondo che, come dimostrano ricorsi storici che purtroppo poco insegnano alla coscienza dell'uomo, si pone sempre sull'orlo dell'autodistruzione – basta pensare alla minaccia atomica –, ci invitano all'ascolto della Parola di Dio, parola del Figlio che ci dona le parole del Padre accolte nello Spirito, per trovarci sempre attenti e impegnati a convertire il nostro cuore a tutto ciò che il Signore ci chiede e opera, nella nostra vita, per la nostra e altrui felicità.

> Vi ho detto queste cose mentre rimango presso di voi. Ma il Paraclito, lo Spirito Santo che il Padre manderà nel mio nome, egli vi insegnerà tutto e vi farà ricordare tutto ciò che vi ho detto.
>
> GIOVANNI 14,25-26

Gesù continua il suo ultimo discorso ai discepoli ricordando che ciò che dice deve essere letto in una duplice prospettiva: quella contingente delle ore che stanno per arrivare nella sua e nella loro vita, che li aprirà a un futuro prossimo che sarà la nascita della comunità cristiana, e ugualmente quella di una lettura che va oltre e che si pone nella Storia – la storia della Chiesa –, la quale viene accompagnata dalla forza dirompente e chiara dello Spirito che insegna e ricorda ogni cosa che il Figlio, e nel Figlio il Padre, vorrà donarci.

Non per nulla viene rivelato che lo stesso invio del Paraclito, dello Spirito Santo, è un dono del Padre, e ci viene donato nel nome di Gesù. Come Gesù è l'inviato del Padre, così ugualmente lo Spirito è inviato dal Padre, ma nel nome di Cristo, tanto che questi, lo Spirito Santo, è spirito del Risorto, Spirito di Gesù stesso "spirato" sulla croce per la Chiesa e l'umanità in attesa (cfr Gv 19,30).

*Lo Spirito Santo che il Padre manderà nel mio nome, egli vi insegnerà tutto e vi farà ricordare tutto ciò che vi ho detto.* In questo versetto abbiamo il primo esplicito riferimento al Paraclito e alla sua missione. L'amore del Padre e del Figlio si pone nell'anima fedele nella forza dello Spirito che abita e custodisce l'esistenza. La abita in quanto ne è dimora e si pone come vero e proprio Maestro interiore che insegna, cioè forma dal di dentro, plasma nel profondo, modella a sua immagine, la coscienza, il cuore del credente. Ugualmente il Paraclito insegna e ricorda. Un ricordare che ci pone dinanzi non solo le Parole di Gesù dette, ma la vita di Gesù che è parola d'amore del Padre per l'umanità. Il Consolatore allora diviene memoriale delle parole di Gesù, le attualizza, le svela, le illumina, le imbandisce come porzioni in una tavola di festa, pronte per essere assunte e alimentare la fede del credente.

La straordinarietà divina dello Spirito, che deve farci riflettere in silenzio e adorazione, è che questo suo insegnare e ricordare si pone nella Storia, cioè si attua oggi, per noi che ascoltiamo queste parole e ugualmente per tutti coloro che le ascolteranno domani, come già lo è stato per tutti coloro che ci hanno preceduti. Il Difensore, il Consolatore, il Paraclito, lo Spirito di verità e d'amore, il santo e vivificante Iddio, accompagna la vita della Chiesa e dell'umanità tutta. A noi il compito, grave e solenne, specie per noi che accogliamo la rivelazione come parola che ci rivela il Mistero, di testimoniare la sua azione e di arricchire l'umanità intera della consapevolezza della sua presenza, visto che sempre e comunque lui opera e agisce nel cuore di ogni uomo, retto, buono, leale e giusto.

Dicevamo che Gesù afferma: *il Padre manderà nel mio nome il Paraclito* e ciò, come si diceva, a riprova della comunione di intenti e di continuità nella missione che il Padre affida al Figlio e che lo Spirito continua nella Chiesa. Non per nulla si dice che senza lo Spirito, nella vita del cristiano, nella vita della Chiesa, non succede nulla; cioè non si potrebbe mai cogliere la presenza operante di Dio nella Storia se non la si coglie nello Spirito, santo e vivificante, buono e molteplice. Lo Spirito, ponendosi nel cuore dell'uomo, gli indica la via da seguire se questi si pone nella docilità dell'accoglienza e lascia operare lo Spirito nella propria vita.

Come Chiesa e come singoli dobbiamo crescere nella consapevolezza dell'indispensabilità dello Spirito; ciò significa l'indispensabilità alla sua docilità, come si accennava, l'importanza del ritrovarsi nell'invocazione, nella supplica permanente della sua venuta, azione, opera, motivando la stessa preghiera cristiana. Ricordiamoci che l'apostolo Paolo evidenzia che è solo grazie allo Spirito che noi possiamo aprire le nostre labbra e chiamare Dio *Abbà*-Padre (cfr Rm 8,15.26); ben si capisce, al di là della pura considerazione esperienziale della preghiera, che essa deve porsi sotto l'azione dello Spirito, evidenziando, ancora una volta, la sua imprescindibile vitalità per la stessa vita cristiana in ogni suo aspetto e secondo ogni sottolineatura.

Voglia il Signore che la Chiesa sia sempre più pneumatofora, cioè specchio dell'operare dello Spirito di Dio, e in ciò si ritrovi sempre più se stessa: comunità di fratelli e sorelle amati dal Signore e che si vogliono bene, aperti all'accoglienza e al dialogo con ogni uomo di buona volontà che è depositario di quei "semi" dello Spirito che il buon Dio sparge a piene mani nel cuore degli uomini.

> La pace vi lascio, la mia pace vi do.
> Non come la dà il mondo io ve la do.
> Non si turbi il vostro cuore e non si abbatta.
>
> Giovanni 14,27

Questo versetto ha proprio la necessità di essere meditato con calma e nella ricchezza di quella novità evangelica che l'incarnazione ha in sé e che la pasqua compie e annuncia per l'umanità di sempre. Dopo aver parlato del Paraclito e della sua missione/opera che pone nella comunione sia

Gesù stesso che il Padre con i discepoli, a suggellare questo *continuum* che richiede occhi, mente e cuore nuovi, Gesù parla del dono della pace, che è il dono specifico dell'uomo Dio, cantato la notte della sua nascita nella pianura di Beit Sahur a pochi chilometri da Betlemme – *pace agli uomini che egli ama* (Lc 2,14) –, dono e garanzia di autenticità del Risorto che si presenta proprio con questo saluto che ricalca queste stesse espressioni: *Pace a voi!* (Gv 20,19.21.26).

Un vero e proprio testamento d'amore: *La pace vi lascio.* Un'eredità affascinante e ardua che più che farci pensare a situazioni inermi e di assenza di guerra deve richiamare lo stesso senso della nostra fede, visto che *Cristo è la nostra pace* (Ef 2,14). Un lasciarci la pace, un donarci la pace: *La mia pace vi do.* Se qualcosa viene lasciata per noi, se qualcuno ci dona qualcosa, il primo e indispensabile atteggiamento è quello dell'accoglienza: non potremmo mai essere nella pace, capire cosa significa "pace", vivere nella pace, donare la pace, se non accogliamo nella nostra vita il Cristo, *principe della pace* (Is 9,5).

Difatti il dono della pace di Cristo, lo sottolineo a ribadire questa necessità che purtroppo ancora oggi crea tanti luoghi comuni che poco hanno a che fare col Vangelo, è diverso dal dono che il mondo può dare della pace stessa: *Non come la dà il mondo io ve la do.* Espressioni queste ultime che più che farci riflettere su una diversa pace che si contrappone alla prima, la pace del mondo e la pace di Cristo, devono farci invece riflettere sulle modalità: la modalità del dare, donare, la pace.

Questo lo comprendiamo, specie con uno sguardo al nostro tempo, recente o passato, al "come" il mondo ha donato la pace, ha ristabilito la pace, cerca di far fare pace, costruisce la pace tra le nazioni. Questa modalità, come ben sappiamo, è politica ed è dunque inficiata di quei mille pregiudizi che vanno dal mortificare chi ha perso un conflitto armato, al far valere la pressione internazionale affinché la pace non si raggiunga ma si imponga, si subisca più che si accolga, si instauri dunque con quella forza del mondo che nulla ha a che vedere con la verità della pace.

La pace vera, e il cristiano questo non solo non può dimenticarlo ma deve annunziarlo e testimoniarlo, deve essere dono e non sconfitta, deve essere consapevolezza della propria dignità e non mortificante trattato che snatura la realtà e inevitabilmente, come la Storia molte volte ci ha testimoniato, diventa l'anticamera per altre guerre e per tornare, covando odi e rancori, a guardare l'altro – nemico divenuto amico – con gli occhi di chi si sente oppresso.

Cristo in questo veramente diviene il grande principe della pace che, dando se stesso, donando a tutti la sua vita, con la sua morte e risurrezione diviene l'unico che non solo può dire a piena voce "pace", ma può realizzarla nel profondo, nei cuori, nelle coscienze, negli animi, nelle strutture umane, nelle stesse associazioni nazionali o sovranazionali che, per vocazione propria, mirano a costruire la pace dei popoli.

Troppe volte si parla di pace ma non si creano, anzi volutamente si allontanano, le inevitabili condizioni perché la pace possa consolidarsi, possa crescere, possa esprimersi nella sua verità. I conflitti endemici che, in alcune parti del mondo, insanguinano i popoli per generazioni mettendo al mondo generazioni intere che non hanno mai visto e non vedranno mai la pace, diventano la riprova proprio di un modo di donare la pace che è ben diverso da come invece il Cristo la dona e la vuole donare al cuore di ciascun uomo. Diviene grande responsabilità della Chiesa tutta nelle sue varie realtà testimoniare la verità della pace, nonostante la derisione del mondo e l'incapacità di vedere, molte volte, soluzioni durature e ragionevoli.

Non dimentichiamoci che seminare la pace nei cuori, seminare la parola di Gesù, la pace di Gesù, non è compito impari e vano che non vede risoluzione ai conflitti, né novità di sorta: la fede ci attesta che la pace sarà il risvolto dell'avvento del Regno stesso di Dio e che lui, il Cristo risorto, il principe della pace, regnerà nei cuori e non mortificherà nessun uomo.

Essere operatori di pace (cfr Mt 5,9) non diviene allora una tra le varie possibilità che la vita cristiana deputa al credente in Cristo, ma diviene la missione del cristiano, qualsiasi vocazione sia chiamato a vivere e in qualsiasi posto del mondo si trovi a vivere.

Bisogna comunque confessare che vi è bisogno di una fede adulta per arrivare non solo a questa convinzione frutto del proprio "sì" a Cristo, ma anche a questo impegno che non lesini forze/vite da spendere per il bene dei fratelli. Molte volte dinanzi all'incapacità della pace possibile bisogna proprio credere alla pace impossibile, ma per far ciò abbiamo veramente bisogno delle parole del Signore che ci rincuorano e ci ricordano: *Non si turbi il vostro cuore e non si abbatta*. Non possiamo prenderci il lusso, noi che abbiamo Cristo che è la pace nostra, di non credere alla pace, di non costruire la pace, di non portare in ogni situazione e avvenimento la pace, di non seminare a piene mani e per tutto il tempo della nostra vita, opere, pensieri, azioni di pace.

Con una stupenda sintesi che ci ricorda che è Cristo la fonte, l'origine, l'identità della pace, la liturgia romana, in una sua preghiera eucaristica (il prefazio della messa seconda della riconciliazione), così ci fa pregare: *Con la forza dello Spirito tu agisci nell'intimo dei cuori, perché i nemici si aprano al dialogo, gli avversari si stringano la mano e i popoli si incontrino nella concordia. Per tuo dono, o Padre, la ricerca sincera della pace estingue le contese, l'amore vince l'odio e la vendetta è disarmata dal perdono.*

Avete udito che vi ho detto: «Vado e tornerò a voi».
Se mi amaste, godreste che io vado al Padre,
perché il Padre è più grande di me. Ve l'ho detto ora,
prima che accada, affinché, quando accadrà, crediate.

GIOVANNI 14,28-29

Le espressioni di Gesù si fanno esplicite in riferimento alla sua morte, al suo andare, al suo vivere l'ora, attesa e finalmente arrivata, che lo vedrà porsi al culmine della sua obbedienza al Padre morendo sulla croce e risorgendo da morte per donarci la vita. Lo stesso andare di Gesù non è fine a se stesso; sa bene, e i discepoli devono comprenderlo, che le sue parole – *Vado e tornerò a voi* – diventano il senso per comprendere gli stessi avvenimenti che di lì a poco si attueranno: è nella sua vita, è nella loro esistenza.

Come presagio, o meglio come profezia che si compie, Gesù intravede nei discepoli lo sconforto, la sconfitta che si tradurrà nel tradimento, nel rinnegamento, nella paura e nell'abbandono. In un modo molto interessante che ci spinge a verificarci e a saper cogliere il nesso vitale anche per la nostra vita cristiana, Gesù pone in relazione l'amore per lui, e dunque per il Padre suo, con la fede che ne deve essere conseguenza logica: non si può dire di amare il Signore se poi lo si abbandona a se stesso; non possiamo dire di amare il Signore se poi non siamo in grado di godere delle sue decisioni, delle sue parole, dei suoi gesti e dei suoi comportamenti. La fede si alimenta alla verità che è lui stesso e Gesù, conoscendo la poca fede dei suoi discepoli, teme che si smarriscano e quasi li precede nel prepararli non solo alla sua dipartita ma anche a coglierne il senso: *Ve l'ho detto prima che accada affinché quando accadrà, crediate.*

L'amore si traduce in una relazione d'intenti, si fa foriero di sintonie profonde che si rinnovano nell'abbandono a quella volontà di Dio che sa sempre molto più di quello che noi possiamo sapere e percepire nella pochezza del nostro essere: *Se mi amaste, godreste che io vado...* In queste accorate espressioni bisogna cogliere anche i sentimenti di Gesù che al termine della sua esistenza, quando ormai ha la morte dinanzi che lo attende, rinnova la sua adesione al progetto del Padre, richiama i suoi discepoli a uno sforzo impari che ci fa comprendere cosa significa amare: godere delle decisioni di Dio per sé e per l'altro. Quanto dovrebbe farci pensare questa frase, quante piccolezze dinanzi alle nostre disobbedienze volute, quanta meschinità nel fare dell'amore cristiano una caricatura che sfigura il volto d'amore di Cristo che è, e rimane sempre, il volto del Crocifisso che ama.

Gesù va... Ma dove va? La frase continua con un'espressione ancora una volta rivelatrice della sua relazione col Padre, che diviene molto arricchente nel ribadire il rapporto di figliolanza e di paternità che Gesù vive e che il Padre attua. *Io vado al Padre, perché il Padre è più grande di me.*

Gesù ha la consapevolezza di essere Figlio del Padre e del porre il Padre "sopra" di lui, nel senso di un rapporto di figliolanza che definisce i ruoli e che ricorda, nell'economia che si rivela e ci fa conoscere Dio, chi è il Padre e chi è il Figlio. Qui Gesù afferma che il Padre è più grande di lui. Anche se rimane il mistero di queste espressioni possiamo percepire che dietro a esse, già altrove nell'evangelo di Giovanni (come vedremo anche in seguito nei restanti capitoli del discorso di addio), si evidenzia un rapporto, tra Padre e Figlio, che fa notare la "grandezza" del Padre nei confronti del Figlio incarnato e ugualmente il rapporto di continuità tra Padre e Figlio legato alla sua venuta nel mondo:

*Il Figlio da se stesso non può fare nulla, se non ciò che vede fare dal Padre; quello che egli fa, anche il Figlio lo fa allo stesso modo* (Gv 5,19).

*Tutto ciò che il Padre mi dà, verrà a me: colui che viene a me non lo caccerò fuori, perché sono disceso dal cielo non per fare la mia volontà, ma la volontà di colui che mi ha mandato* (Gv 6,37-38).

*Se uno serve me, il Padre lo onorerà... Padre glorifica il tuo nome* (Gv 12,26.28).

*Colui che Dio ha mandato dice le parole di Dio: senza misura egli dà lo Spirito. Il Padre ama il Figlio e gli ha dato in mano ogni cosa* (Gv 3,14-15).

*Quando tutto gli sarà stato sottomesso, anch'egli, il Figlio, sarà sottomesso a Colui che gli ha sottomesso ogni cosa, perché Dio sia tutto in tutti* (1Cor 15,28).

A noi non resta che invocare lo Spirito del Signore affinché illumini la nostra mente e riscaldi il nostro cuore per metterci in sintonia col Mistero di Dio *nascosto da secoli e da generazioni, ma ora manifestato ai suoi santi. A loro Dio volle far conoscere la gloriosa ricchezza di questo mistero in mezzo alle genti: Cristo in voi, speranza della gloria* (Col 1,26-27).

> Non mi intratterrò più a lungo con voi, perché viene il principe del mondo; egli non ha alcuna presa su di me.
> Ma perché il mondo sappia che io amo il Padre e agisco come il Padre mi ha comandato, levatevi, partiamo di qui!
>
> GIOVANNI 14,30-31

*Viene il principe del mondo.* Nell'evangelo di Giovanni questa espressione è ben chiara nell'esprimere il "padre della menzogna", dando, in questo caso, una connotazione negativa al mondo come dominato da lui. Il venire del principe del mondo di certo è connesso con *il potere delle tenebre* (Lc 22,53) che, apparentemente, sembra sconfiggere il progetto di salvezza anche se, come ricorda Gesù ai suoi: *Egli* – il principe del mondo, satana, il padre della menzogna – *non ha alcuna presa su di me*. Nonostante tutte le apparenze di sconfitta, e quale cocente sconfitta sono lo scandalo e la follia della croce, il Cristo si ergerà sempre come vincitore del maligno; anzi, proprio la sua decisione di accogliere il calice amaro della passione diviene la riprova di quel porsi nella volontà del Padre e, con le stesse armi del tentatore, sconfiggerlo definitivamente.

Anche queste ultime parole sono profetiche di ciò che di lì a poco si compirà, pronunziate con quella preoccupazione di far intendere al mondo – nell'accezione positiva del termine – il rapporto che intercorre tra la passione di Gesù accolta e vissuta e la volontà del Padre; un rapporto che si può benissimo esprimere con una parola, già altre volte ribadita: agape, amore.

*Perché il mondo sappia che io amo il Padre e agisco come il Padre mi ha comandato.* La piena consapevolezza di ciò che lo attende ricorda, in primo luogo ai discepoli, che la vocazione/chiamata cristiana ha bisogno di non smarrire la ricerca e l'attuazione della volontà di Dio e, ugualmente, ricorda che questa non si potrà mai realizzare nella vita dell'uomo se non come risposta d'amore.

Tante volte, troppe, ci dimentichiamo di questo nesso consequenziale e vitale; la volontà di Dio si concretizza, nelle piccole come nelle grandi cose, tramite l'amore. Gesù inoltre, e questo discorso di addio ce lo ricorda costantemente, pone nella logica dell'amore il suo sacrificio sulla croce; la sua sofferta adesione al volere del Padre diviene annunzio di un binomio che stenta a capirsi in tutte le epoche e in tutte le culture: quello tra amore e sacrificio, tra agape e dono di se stessi, tra amore e sofferenza. Non intendiamo il sacrificio, l'offerta di sé, in senso masochistico o la sofferenza come una necessità che ci faccia sentire a posto dinanzi a Dio stesso, ma, nella fede che professiamo in Cristo sofferente e amante, dobbiamo ritrovare il vero senso del sacrificio e della sofferenza, dell'essere dono per gli altri, dello sperimentare la verità dell'amore, donando – morendo – per i propri amici.

Proprio la logica del *dono* ci fa accogliere, come necessità che si traduce in vita vissuta, una vita cristiana eucaristica.

Nell'eucaristia, pane/corpo donato e spezzato, ritroviamo nel *misterium* il senso profondo di ciò che è offerta, sacrificio, dono della vita. Espressioni che nell'operare di Gesù sono salvezza per l'umanità e che ugualmente ci fanno comprendere che alcune situazioni della vita del credente in Cristo non si possono mai oscurare, dimenticare, tralasciare. Il sacrificio sulla croce, l'immolazione della propria esistenza per gli altri, si pone dunque in una "necessità" che diviene oggettiva e da accogliere nella vita di fede.

In tutto ciò ritroviamo e attestiamo che Gesù *ama il Padre* e risponde a questo amore, nella logica dell'agape, in un agire conseguente.

Come se non bastasse, l'annuncio si fa perentorio: *Levatevi, partiamo da qua*. E ugualmente sappiamo che, redazionalmente, questa partenza non si attuerà subito visto che Gesù continua a parlarne prima di spostarsi al torrente Cedron dove sperimenterà la cattiveria degli uomini: il tradimento, l'arresto e, conseguentemente, il processo-farsa da Pilato, da Caifa, da Erode, per giungere alla condanna e all'esecuzione, sul patibolo del "legno". Dobbiamo, sempre e comunque, partire dalla situazione in cui ci troviamo per andare, scoprire, aderire alla novità di Dio per noi. Questa passa sempre per la via degli uomini, ha bisogno sempre di un confronto, di un dialogo, di un incontro; pur potendolo fare, Dio non scavalca la natura umana che desidera adempiere il suo volere; ugualmente Dio si pone dinanzi all'uomo con tutto se stesso – lo Spirito datore di vita. Spetta a ciascuno di noi far agire il "soffio vitale" ricevuto gratuitamente da Dio stesso. Tale azione, tale accoglienza, tale novità "nella" vita ci orienterà verso quelle risposte che non potranno che realizzarsi nella gioia della comunione.

# Evangelo di Giovanni
## Capitolo 15

Io sono la vera vite e il Padre mio è l'agricoltore. Ogni tralcio che in me non porta frutto, lo recide, e ogni tralcio che porta frutto lo monda, perché porti maggior frutto. Voi siete già mondi per la parola che vi ho annunciata.

GIOVANNI 15,1-3

Inizia, sia per stile che per soggetti usati, un altro affondo di Gesù il quale, pur continuando il discorso di prima, ne evidenzia alcune peculiarità. Una di queste è legata all'esempio della vite e dei tralci che esprime, pur adattata all'immagine, la stretta comunione e la conseguente e vitale funzione nel rapporto tra loro, tra Gesù stesso, il Padre e il discepolo. Potremmo dire che con l'immagine molto eloquente della vite, dei tralci, del vignaiolo, Gesù ripresenta quel tema tanto caro, già svolto e presentato, ponendolo con quell'esemplificazione propria del suo parlare che cerca sempre di veicolare un insegnamento con immagini ben comprensibili, legate all'esperienza che tutti coloro che lo ascoltavano ben conoscevano.

Le espressioni si fanno, in un certo senso, più chiare, più coinvolgenti e divengono, anche per noi, un invito a considerare questo vitale rapporto – vignaiolo, vigna, tralci – come quell'essenziale rivelazione che pone in sintonia le espressioni usate e il Mistero che esse nascondono. Un Mistero che ha nell'esperienza della già avvenuta lavanda dei piedi la sua novità più rivoluzionaria: amatevi *come* io vi ho amati.

Si passa dalla solenne proclamazione di ciò che Gesù è, rivelatrice della sua divinità – *Io sono* – al ribadire che egli è ciò che è in relazione al Padre; inoltre, cosa interessante per far comprendere la preoccupazione di Gesù di farsi capire, il rapporto questa volta è legato a esempi di esseri animati e non: agricoltore, vite, tralcio.

*Io sono la vera vite e il Padre mio è l'agricoltore*. Quasi a ribadire che possiamo anche avere una vite non vera, Gesù si presenta come *la vera vite*. Ritorna qui il tema della verità, che è la persona stessa di Gesù (*Io sono la verità*, Gv 14,6; cfr 18,37) e che fa risaltare che il rapporto con l'agricoltore, il Padre, si pone proprio in questa continuità: tra la verità e Gesù, tra la verità e il Padre non c'è contrapposizione bensì comunione profonda.

Il reale rapporto tra agricoltore e vite diviene segno manifesto, ribadisco sempre con un esempio esplicativo, del rapporto intrinseco tra le due realtà. Ma questo rapporto diviene ancora più consequenziale legandolo all'esempio della vite e dei tralci: questi sono vitalmente uniti ad essa e si configurano, nella verità del loro mutuo rapporto, alla luce del frutto che ne deriva.

Non possono dirsi tralci, veri e tali, quelli che attaccati alla vite non sono fecondi, cioè non portano frutto, non sono il prolungamento vitale tra la vite e ciò che essa produce di buono e necessario. Come se potessimo pensare che una vite possa avere in sé sia il grano che la zizzania, la verità della vite è legata alla verità del tralcio, e ciò è tanto vero che il tralcio fruttifico diviene vera preoccupazione per l'agricoltore, il Padre buono; infatti *ogni tralcio che porta frutto lo monda, perché porti maggior frutto*, come, viceversa, *ogni tralcio che non porta frutto lo recide*.

Tutto ciò si concretizza, dice il testo, *in me*, nella comunione con lui. Solo nella comunione con Gesù si potrà, come dirà subito dopo, portare frutto e farlo in quantità ancora maggiore, grazie all'intervento in Gesù – *in me* – al suo mondare e potare.

La verità della vite che, grazie all'intervento dell'agricoltore, si pone nella consequenzialità del fruttificare al meglio, se da una parte deriva dall'intervento del Padre, ugualmente è inerente al vitale rapporto che egli ha col Figlio, ribadendo che: il Padre non può non potare, non può non preoccuparsi, perché la vite sia vera, di far sì che il tralcio porti il frutto dovuto. Interessantissimo rimane il fatto che la mondezza – *voi siete già mondi* – è legata all'ascolto della Parola, anzi al dono della Parola stessa che poi è il dono di Gesù, *Verbum incarnatus pro nobis*.

La Parola annunciata diviene allora motivo perché il tralcio sia mondo, cioè susciti l'attenzione dell'agricoltore, e ugualmente diviene la stessa verità del frutto che, se accoglie tale Parola, fruttifica sempre di più.

In questi versetti iniziali del capitolo 15 Giovanni, dunque, pone in stretta sinergia la missione del Figlio che, inviato dal Padre, si fa verità di Dio per l'umanità, e la sua Parola annunziata, rivelata, vissuta, donata, che diviene "scalpello" che scolpisce la sua opera d'arte, il tralcio, il discepolo che fruttifica, come seme che si sviluppa, nell'accoglienza di questa stessa Parola.

Gesù stesso dirà, dinanzi a Pilato: *Chiunque è dalla verità, ascolta la mia voce* (Gv 18,37). Gesù verità insegna ai suoi discepoli a porsi nella verità: ciò significa ascoltare le sue parole, farle proprie, accoglierle col vitale impegno a far sì che portino frutto come il buon seme del seminatore.

Rimanete in me come io in voi. Come il tralcio non può portare frutto da se stesso, se non rimane nella vite, così nemmeno voi, se non rimanete in me. Io sono la vite, voi i tralci. Chi rimane in me e io in lui, questi porta molto frutto, perché senza di me non potete far nulla.

GIOVANNI 15,4-5

*Senza di me non potete far nulla.* Quanto consolanti sono queste splendide parole di Gesù. Sì, ci consolano, contro la nostra pretesa di fare e di dover fare, come se un iota, in più o in meno (cfr Mt 5,18), si potesse pensare al di fuori dell'essere con Gesù, del suo operare nella nostra vita, del suo riconoscere la sua divinità che, in quanto tale, può e fa tutto.

Se imparassimo a ripeterci, e continuamente, questa frase di Gesù diventeremmo più umili, più bisognosi di saperci affidare a lui, meno presuntuosi, meno arroganti di quel potere che ci sembra essere la soluzione di ogni problema. La Chiesa deve continuamente ripetersi che senza il Maestro nulla è possibile, senza la consapevolezza di essere tralci attaccati alla vite nulla si può pensare, attuare, concretizzare.

*Senza di me non potete far nulla.* Questa frase ha fatto, e continua a fare, i santi; cioè soltanto nella consapevolezza della propria piccolezza e della verità che tutto viene da lui, si può scorgere la verità di un frutto che unicamente deve dare gloria a lui. Gesù infatti è questo, il Figlio che dà gloria al Padre, e ugualmente il Padre lo ribadisce e riconosce che ciò avviene perché lui stesso, il Padre, lo rivela: *L'ho glorificato e lo glorificherò ancora!* (Gv 12,28); ugualmente il discepolo, con la sua vita, con la sua testimonianza deve dare gloria al Figlio, deve porsi nella consequenzialità di parole, gesti, atti che sono proprio il risultato di una parola che, se accolta, fruttifica. Tutto ciò, comunque, può realizzarsi soltanto in chi ascolta l'imperativo d'amore di Gesù: *Rimanete in me come io in voi.*

L'esplicitazione di queste espressioni, se ce ne fosse bisogno per una maggiore chiarezza, richiamano ancora una volta l'esempio, consequenziale e vitale, fra tralcio e vite; il paragone si fa spiegazione: *Come il tralcio... così nemmeno voi...* Ciò giustifica, come da sempre la Chiesa insegna, un rapporto tra Gesù e i suoi discepoli che non può essere improntato sulle possibilità, cioè l'essere con Gesù, il rimanere in lui, l'essere una cosa sola con lui, il ritrovarsi vitalmente uniti a lui: non è una possibilità tra le tante, bensì l'unica, la necessaria, l'imperativa, la vitale, l'assoluta. E ciò non nella mortificazione della volontà dell'uomo e contro la sua libertà, ma per la verità di lui medesimo.

Le parole di Gesù sono parole d'amore e non vogliono certo mortificare la nostra umanità, ma proprio per questo bisogna saperle accogliere nella fede; proprio per questo richiedono obbedienza e accoglienza le quali, come vedremo ancora, rendono felici, gioiosi e beati coloro che appunto si ritrovano in questo rapporto vitale.

Se l'intervento dell'agricoltore era legato a far sì che il tralcio, unito alla vite, portasse più frutto, qui viene ricordato che tale frutto è legato al nesso vitale che intercorre tra vite e tralcio; il mondare, potare, era un intervento esterno che portava conseguenze interne, ma già il fatto di essere uniti, esternamente e internamente, di vite e tralcio, già il fatto dunque di *rimanere in me ed io in lui* – dice Gesù – già questo *porta molto frutto*. Tale frutto, come si diceva, se non è presumibile pensare che scaturisca dal proprio sforzo umano ma sia unicamente suo dono, suo intervento, come conseguenza del nostro essere uniti a lui – *senza di me non potete far nulla* – ugualmente, come logica conseguenza, richiama il discepolo alle proprie responsabilità.

Se la salvezza è dono, ugualmente è compito; se ci viene elargita per grazia, ugualmente siamo chiamati a far fruttificare i talenti donatici; se tutto proviene da Lui e a Lui ritorna, ugualmente ognuno di noi, nella propria singolarità e unicità, deve fare la propria parte, deve giocarsi – se così posso dire – le proprie carte.

Troppe volte consideriamo il cristianesimo motivo di deresponsabilizzazione, e non c'è cosa più dannosa del pensare a una vita cristiana come delega, cambiale in bianco, chiusura di occhi: questa modalità di risposta della fede in Gesù Cristo non ci porta da nessuna parte. Ugualmente, forse, si potrebbe anche pensare che il cristianesimo sia dispendio di energie, carità manageriale o, peggio, filantropia benedetta dall'alto. Se non si è in grado di abbinare i due aspetti, di comprendere qual è la parte migliore (cfr Lc 10,42) e, quindi, di capire ciò che appunto ne consegue, potremmo intraprendere una strada che non è quella dell'Evangelo di Cristo.

Ricordiamoci come cristiani che la salvezza ci è donata "a caro prezzo" e dunque dobbiamo conquistarcela "a caro prezzo". Non possiamo dare per scontata la grazia di Dio e attendere a mani conserte, direbbe Paolo (cfr 2Tes 3,10-12), chissà quali ricompense divine alla nostra inerzia. Il portare frutto ci chiede, imperativamente, proprio questo impegno, questa dedizione, questa offerta dell'esistenza; ci chiede di vivere con amore, per amore, nell'amore. Solo così avremo la gioia di ritrovarci vitalmente uniti a Gesù, nel volere del Padre.

> Se qualcuno non rimane in me, è gettato fuori come il tralcio
> e si dissecca: poi lo si raccoglie, lo si getta nel fuoco e brucia.
> Se rimanete in me le mie parole rimangono in voi,
> chiedete pure quel che volete e vi sarà fatto.
>
> Giovanni 15,6-7

Abbiamo ascoltato che l'intervento dell'agricoltore verso il tralcio infecondo consiste nella recisione dalla vite stessa, ma adesso comprendiamo ancora meglio che questo gesto è unicamente legato alla stessa scelta del tralcio di non voler rimanere in Gesù. *Se qualcuno non rimane in me, è gettato fuori come il tralcio e si dissecca.* La sorte è il dissolversi nel fuoco – *poi lo si raccoglie, lo si getta nel fuoco e brucia* – a riprova, se ancora ci fosse qualcuno che la pensi diversamente, che il soccombere eternamente, il fuoco eterno, l'inferno, non sono una punizione inflittaci da Dio ma una conseguenza delle scelte dell'uomo che ha rifiutato, consapevolmente e liberamente, di rimanere unito a Gesù.

Queste frasi sono una smentita a un modo di pensare che, specie nella cultura contemporanea, ha dimenticato che il fuoco eterno può essere una delle possibilità della vita futura dell'uomo; ignoranza mista a superstizione da una parte, ostinazione e rifiuto preconcetto di una verità conclamata nella Scrittura e insegnata da sempre nella Chiesa dall'altra, diventano i luoghi comuni per sfuggire a questo necessario "pensiero del dopo", che il destino dopo la morte ci chiede di considerare. Con troppa spensieratezza viviamo dimenticandoci di ciò che ci attende dopo questo passaggio; sant'Alfonso Maria dei Liguori diceva che un buon cristiano deve pensare alla morte almeno una volta al giorno. Al di là delle reali modalità che possono porsi nella vita di ciascuno, è pur vero che il giudizio di Dio sulle nostre azioni non è pura fantasia, ma una cocente e direi affascinante realtà che deve farci vivere nella gioia di una vita spesa per amore.

Un altro grande santo e mistico, san Giovanni della Croce, scriveva che alla fine saremo giudicati sull'amore, cioè il nostro giudice sarà l'Amore/Dio e il suo giudizio si realizzerà nell'amore, amando: chi ama non può non amare l'altro, la verità dell'altro; il frutto di un tralcio attaccato alla vite sarà di certo quella vita eterna che ci porrà nella comunione; l'inconcludenza di una vita spesa nel consapevole rifiuto di essere uniti a Lui, invece, diviene retaggio di infecondità che rende arida l'esistenza, quaggiù e anche lassù.

Un altro riferimento al rapporto tra la vita di comunione con Gesù e la sua Parola, che ne diviene espressione e conseguenza attuativa: *Se rimanete in me e le mie parole rimangono in voi...*

Il rimanere *in*, la tematica dell'immanenza, dello stare, del ritrovarsi unito: questa insistenza ricorda a tutti come sia importante ritrovarsi, e verificarsi lungo il cammino della vita, in questa situazione. Questo ritrovarci uniti, questo rimanere attaccati, ha la sua conseguenza in un rimanere nella sua Parola, quella di Gesù, che ugualmente rimane. La familiarità con la Parola di Dio è quella essenziale esigenza per sperimentarsi un'unica cosa con Gesù stesso; la comunione con lui non si improvvisa, ma la si sperimenta in un ascolto continuo, continuato, costante, della sua divina Parola.

Questa verità ci fa comprendere anche il prosieguo della frase di Gesù: *Chiedete pure quel che volete e vi sarà fatto.* Chi è unito a Gesù si riscopre un'unica cosa con lui e, di conseguenza, ogni cosa che possa chiedere, pensare, desiderare nel bene della comunione che lo contraddistingue non si porrà nel versante della recriminazione di diritti, bensì nella risposta d'amore alla comunione di intenti.

La fede risponde a questa esigenza. Dirà altrove Gesù ai suoi discepoli: *Se avrete fede pari ad un granellino di senape... nulla vi sarà impossibile* (Mt 17,20); *Tutto quello che chiederete nella preghiera, abbiate fede di averlo ottenuto e vi accadrà* (Mc 11,24). Siamo nella logica di un amore che continua, che si pone nella continuità di una risposta, che richiede identificazione e coerenza e non certo ricerca egoistica e secondi fini di risarcimenti ed effimere ricompense.

Chi vive nella familiarità con la Parola del Signore si accorge, e matura in coscienza, che la preghiera è sempre quella invocazione che si attua nel volere di Dio, per il bene nostro e per la sua gloria, che la nostra stessa esistenza gli testimonia come risposta d'amore. Le sterili visioni, a volte capricciose, di una preghiera di domanda che dimentica la volontà di Dio, che è sempre comunque bene per me, diventano a volte veri e propri abbagli che mortificano sia la nostra umanità sia la verità della divinità di Dio. Con questo non si vuole per nulla dimenticare che la supplica, l'intercessione, la domanda sono, e rimangono, necessarie, anzi divengono la riprova del nostro amare il Signore, non dimenticando mai però le parole che lui stesso ci ha insegnato e che lui stesso pregò per tutta la sua vita: *Sia fatta la tua volontà come in cielo così in terra* (Mt 6,10), dove quel cielo e quella terra ricordano a noi tutti che ciò che molte volte vediamo sulla terra forse dal cielo è visto in modo diverso!

L'essere uniti a Gesù, l'essere obbedienti alla sua Parola, ci faccia crescere nella familiarità con lui stesso e nell'umile supplica che ci vedrà porre dinanzi alla sua onnipotenza le nostre umane richieste.

Se Dio stesso, come un ritornello continuo, ci rivela che nulla gli è impossibile e che a chi crede in lui analogamente tutto è possibile, facciamo nostro e consideriamo l'atteggiamento di Maria di Nazaret. Ella, accogliendo la Parola del Signore e dando la sua disponibilità al suo volere, sentendosi ripetere che *nulla è impossibile a Dio* (Lc 1,37), poté constatare e vivere nella dimensione spirituale ogni suo istante sapendo che Dio la ascoltava, non nelle sue umane richieste – quante volte avrà umanamente chiesto di non far morire il proprio figlio in quel modo atroce – ma nella capacità di accogliere quella volontà divina che le stesse richieste sorpassano e lo stupore della fede testimonia, per arrivare alla luce della gloria, alla comunione del nostro essere e rimanere in lui.

In questo è stato glorificato il Padre mio, che voi portiate frutto e diventiate miei discepoli. Come il Padre ha amato me, così io ho amato voi. Rimanete nel mio amore! Se osserverete i miei comandamenti, rimarrete nel mio amore, come io ho osservato i comandamenti del Padre mio e rimango nel suo amore.

GIOVANNI 15,8-10

Se la pasqua di Gesù glorifica il Padre, anzi è vissuta come una manifestazione della sua gloria, della sua *exusia*, della sua divinità – basta ripercorrere accuratamente il cammino della passione e risurrezione narratoci da Giovanni (cfr Gv 18-19) per trovare la riprova al fatto che la vita del cristiano diviene continuità nel mondo della sua presenza – anche questi, il discepolo, è chiamato a dar gloria al Padre. Ed ecco le parole di Gesù: *In questo è glorificato il Padre mio, che voi portiate frutto e diventiate miei discepoli.*

L'essere discepoli, come conseguenza del proprio portare frutto e dunque del proprio ritrovarsi in comunione con Gesù, uniti a lui, come il tralcio è unito alla vite, diviene riprova della sorte del discepolo che non può essere diversa da quella del Maestro: dare gloria al Padre. glorificare il Padre portando il frutto che ci chiede di portare.

Questa consequenzialità di sorte tra maestro e discepolo, richiama a tutti noi come sia importante non scindere mai, nella vita cristiana, la morte e risurrezione di Gesù dal nostro portare quotidianamente la croce per ereditare la vita eterna che pregustiamo già quaggiù .

Ricordando questa unica sorte, del maestro e del discepolo, Gesù si sente quasi in dovere di rischiarare il suo rapporto col Padre per far comprendere ugualmente quale deve essere il rapporto che il discepolo deve instaurare con lui.

*Rimanete nel mio amore!* Non siamo di fronte a un imperativo spersonificante, ma a una esperienza d'amore che richiede una risposta d'amore. Il rimanere nell'amore di Gesù, ed essere un'unica cosa con lui, ha un riferimento ben chiaro che è la modalità di vita – pensiero, azione – che vi è tra Gesù stesso e il Padre. Cosa significa rimanere nel "suo" amore? Significa avere dinanzi il rapporto d'amore che Gesù vive col Padre suo. La similitudine "come... così..." già presentata nell'esempio vite-tralci, adesso si personifica: *Come il Padre ha amato me, così io ho amato voi.*

L'amore di Gesù per i suoi discepoli è un amore che fa grande, profondo, misterioso riferimento allo stesso amore che il Padre ha verso il Figlio. Questo amore che Gesù ha sperimentato fin dal primo istante del suo concepimento, si traduce nella vita di Gesù in un amore che i discepoli sperimentano.

Sperimentare l'amore di Gesù, come ben sappiamo dal Vangelo, non significa capirlo, porsi nella giusta sintonia, comprenderlo al di là dell'umanità che ne sperimenta il senso. Ciò ci ricorda, sempre nella fede, come l'accogliere l'amore di Gesù per noi, che è il riflesso e la continuità dello stesso amore del Padre per Gesù, abbia bisogno di un'espe-

rienza, unica e singolare, che ciascuno di noi deve necessariamente vantare per dirsi discepolo di Gesù.

Non bastano proclami di parole, non sono necessari as-
sensi di idee, non bisogna credere a pensieri astratti, no! La
vita cristiana è fondata tutta qui: nell'agape. L'esperienza
dell'amore di Dio ci donerà la capacità di amare come lui
stesso vuole chi ci amiamo. Ecco perché, ancora più esplicitamente, Gesù si rifà a un'esperienza vissuta su cui deve
ricalcarsi, come consequenzialità d'amore, la vita del discepolo.

Come Gesù ha amato il Padre? Come, da questo amore, il
discepolo, deve amare Gesù e il suo prossimo? Come possiamo rimanere nel suo amore come riflesso dell'amore del
Padre ed essere e vivere nella sua sintonia d'amore?

*Se osserverete i miei comandamenti, rimarrete nel mio amore,*
*come io ho osservato i comandamenti del Padre mio e rimango*
*nel suo amore.*

Il segreto è, dunque, come lo è stato per Gesù stesso, osservare i comandamenti: quelli di Gesù – *i miei* – per noi, e
quelli del Padre per Gesù stesso. Non ci vuole tanto a comprendere che non vi sono distinzioni tra i comandamenti di
Gesù e quelli del Padre; se dovessimo specificare una distinzione strutturale, ed è bene ricordarla, essa consiste nel fatto che i primi hanno un esempio concreto, per noi, nella
vita di Gesù, diversamente i secondi si situano in un livello
divino/umano tutto da scoprire, sia da parte dello stesso
Gesù lungo l'arco della sua vita, sia da parte del Padre che
glieli rivela e glieli fa conoscere, umanamente parlando, nel
rapporto unico e irripetibile tra Padre e Figlio.

Fondamentalmente ciò che accomuna i comandamenti
non è il ritrovarsi nelle medesime prescrizioni esteriori, nella pedissequa osservanza di nuove indicazioni legiferanti
che diventano vincolanti nell'amore; solo chi comprende
che l'unico comandamento di Gesù – per lui e per noi – è
l'amore saprà scoprire, e vivere, la bellezza di una vita cri-

stiana che libera il cuore e rende felici di ogni scelta che si compie nell'amore.

Diversamente cadremmo, come Gesù dovette constatare nella sua vita, in quello stravolgimento della legge divina che vede nelle prescrizioni i grandi fardelli per gli uomini e ahimè – come può avvenire anche oggi nella Chiesa – in quella consapevolezza da imporre agli altri senza però preoccuparsi di osservare le stesse regole (cfr Mt 23,1-39).

L'agape evangelico, invece, ci farà osservare ogni comandamento nel giusto modo e ci donerà la gioia di quella risposta che sarà sempre, come Gesù ci insegna, la risposta di un amore che per dirsi tale deve ritrovarsi ad amare, non a pensare di amare.

> Questo vi ho detto affinché la mia gioia sia in voi e la vostra gioia giunga alla pienezza. Questo è il mio comandamento: che vi amiate gli uni gli altri come io ho amato voi.
>
> Giovanni 15,11-12

Gesù comunque, a scanso di equivoci, ricorda che il parlare di comandamenti non deve farci dimenticare che vi è un unico comandamento, che diviene imperativo d'amore che ci spinge dal di dentro ad agire e vivere di conseguenza, cioè amando perché, appunto, amati.

*Questo è il mio comandamento: che vi amiate gli uni gli altri come io ho amato voi.* Ripetendo le stesse espressioni che già avevano dato il senso, direi lo spessore profetico e ugualmente molto concreto, al gesto della lavanda dei piedi (cfr Gv 13,34), adesso Gesù, ricordando quelle parole in questo ulteriore contesto, ribadisce che tale impegno ad amarsi scambievolmente, questo adempiere il comandamento dell'amore, avendo in lui l'unico e necessario referente, deve, oltre che tradursi in gesti concreti, animare la propria esistenza finalizzandola a quella comunione d'amore che è propria dell'amore tra Padre e Figlio, che ci viene donata nel mistero pasquale, di morte e vita, di Gesù stesso.

Il riferimento al comandamento nuovo, al comandamento di Gesù – *il mio comandamento* – deve ricordare a noi cristiani, troppo spesso dimentichi delle parole del Signore, che non possiamo riferirci a prescrizioni legate all'Antico Testamento se non con questa cartina di tornasole; non possiamo fondare la vita cristiana sul cosiddetto Decalogo, se non partendo dal comandamento di Gesù, altrimenti educheremmo a osservare utili e necessarie prescrizioni dimenticandone però l'anima, cioè l'amore che anima ogni cosa.

Dobbiamo confessare che molte volte questo pericolo c'è stato, e purtroppo continua a esserci; quasi paurosi che Dio possa formare le persone dal di dentro col suo Spirito d'amore; quasi che il veicolare prescrizioni esterne e osservanze di leggi, anche divine, per gli uomini e le donne di buona volontà possa essere la strada maestra per ritrovarsi nella volontà di Dio, dimenticando invece l'importanza della coscienza della persona e della sua necessaria libertà e gioia, che va ritrovata dentro di sé, nella risposta della propria adesione d'amore al Signore.

Si connettono così, quasi a introdurre e spiegare, le bellissime parole di Gesù che precedono questa frase: *Questo vi ho detto affinché la mia gioia sia in voi e la vostra gioia giunga alla pienezza.*

Il cammino di fede del cristiano, nel far proprio il comandamento dell'amore, pone questi nella gioia, nella serenità, nella beatitudine tante volte conclamata nei vangeli, nella comunione d'amore con l'Amore stesso che è Dio. Una vita cristiana "musona" e mortificante la bellezza dell'esistenza dell'uomo non viene dal Vangelo: ogni scelta che mortifichi la verità di questo asserto deve essere verificata, vagliata, considerata. Con tutto il rispetto per le leggi della Chiesa, queste devono ricordare che l'unico comandamento è l'amore, da esso devono partire e a esso devono condurre, altrimenti possono ben considerarsi dei lacci che mortificano la stessa volontà di Dio per l'umanità redenta.

La gioia del cristiano è la stessa gioia di Cristo. Ben sappiamo come, nella sua vita pubblica, il Signore Gesù ha vissuto tante e ripetute "non gioie", nei suoi rapporti con gli stessi discepoli e, soprattutto, col potere religioso del suo tempo; anzi, questi inevitabili contrasti che mortificavano la verità lo porteranno al rifiuto, all'arresto, alla condanna, alla morte. Non dobbiamo però esorcizzare le parole del Signore quasi a pensare che la gioia, per il cristiano, si realizzi solo dopo la morte, che si potrà vivere solo dopo il tormento, il dolore e la morte. Anche se è vero che la gioia eterna si compirà alla fine della vita, la gioia di cui parla Gesù è la gioia di questa vita e del vivere bene questa vita.

Ne è un chiaro esempio il continuo ritornare del Vangelo sul concetto di "beatitudine"; e pensiamo non solo all'elenco classico, bensì anche ai molti altri riferimenti (cfr Mt 5,3-12; 11,6; 16,17; Lc 6,20-23; 1,45; 11,28; Gv 13,17; 20,29); la beatitudine appartiene all'orizzonte della vita di ogni giorno. Nell'ascolto e nel far propria la parola "dettaci" dal Signore – *questo vi ho detto* – ci ritroviamo immessi in quel cammino gioioso della vita cristiana che è certamente fatto di approfondimenti e specificazioni diverse lungo l'arco dell'esistenza, che ci danno il senso di una gioia che viene da Gesù – *la mia gioia sia in voi* – e ci indicano la strada da percorrere per arrivare alla pienezza della gioia che, se anche pregustiamo quaggiù, ci attende alla fine del nostro cammino.

> Nessuno ha un amore più grande di questo:
> dare la vita per i suoi amici.
>
> GIOVANNI 15,13

«L'amore con l'amore si paga, l'amore con l'amore si paga, l'amore con l'amore si paga... e continuo a bussare alla porta di Dio». Sono le parole di un noto compositore italiano che un'altrettanto nota cantante italiana ribadisce come un ritornello in una canzone tutta da ascoltare.

Mi piace ricordare queste espressioni, che tanti giovani hanno continuamente sulle labbra, per poterne ricordare altre che mi sembra specifichino cosa significa che "l'amore si paga", nel senso che l'amore non è mai neutro ma, in quanto espressione di sentimento e di volontà, pone dinanzi a se stesso la persona e tutto ciò che essa è e fa.

L'amore di Dio ha avuto un prezzo? Potremmo dire di sì, ma ugualmente riscontriamo, nella nostra affermazione, quasi un'inconcludenza, nel senso che l'amore in quanto tale, per ciò che deve essere, paga di per sé un prezzo. Gesù parla di un amore che non ha altri riferimenti, un amore assoluto, alto, unico, divino: l'amore che dona se stesso, tutto se stesso, unicamente se stesso, per amore.

*Nessuno ha un amore più grande di questo: dare la vita per i suoi amici.*

Potremmo forse ricercare delle risposte diverse dinanzi all'amore di Dio che ha donato se stesso all'uomo? Potremmo addurre amori umani dinanzi all'amore divino che diviene umano per donarsi all'uomo e rivelargli il senso di tale amore?

Queste espressioni impareggiabili di Gesù hanno bisogno di silenzio, hanno bisogno di interiorizzare il significato, così svalutato e bistrattato, dell'amore.

Inoltre ci accorgiamo che dietro a quest'assolutezza dell'amore non vi è un egoistico tributo al Dio distante e lontano, bensì un coinvolgimento di vite; la mia vita donata alla tua, la tua che riceve senso e verità dal dono della mia; la mia e la tua che si specchiano nella verità dell'essere vita in Dio, che è un dono continuo di se stesso delle persone divine che è, appunto, amore.

Anzi, ci accorgiamo che il silenzio e l'interiorizzare non bastano, nel senso che abbiamo bisogno di tempo affinché si possa capire cosa signifìchi realmente donare la vita. Anche Gesù ebbe bisogno di trenta e più anni per arrivare all'ora della Storia che rivela il senso del donare la vita per l'altro e la necessità – per essere altro in comunione con gli altri – di saper accogliere ed essere dono a sua volta.

Il tempo matura, approfondisce e ci regala tante nuove e forse inimmaginabili conseguenze di ciò che c'è dietro questo donare la vita. Il tempo, che può significare anche accogliere una malattia debilitante che ci chiede di ricominciare daccapo, ci insegna che amare significa guardare a Cristo crocifisso, che amare richiede la fede dell'abbandono assoluto, che amare, per essere dono che fruttifica, deve necessariamente essere conseguenza di un amore ricevuto che a nostra volta doniamo.

*Dare la vita.* Dare tutto se stessi, dare tutto ciò che si ha, dare tutto ciò che si è e si è ricevuto, svuotarsi gratuitamente, affidarsi all'altro come vuoto a perdere.

*Per i suoi amici.* Gesù stesso specifica e dà il senso di questa "amicizia", di questo dono di se stessi che ci fa ritrovare amici, nel senso che il vero amico è colui che è capace "anche" di dare tutto se stesso per l'altro; qui, come vediamo, il riferimento comparativo – "anche" – viene dimesso: il vero amico deve dare la sua vita per l'altro.

Possiamo amare così? Ci viene spontaneo chiedercelo. Se Gesù ce lo chiede significa che non solo ci dà la possibilità di attuare la sua Parola, ma ugualmente che ci dà l'esempio di una Parola realizzata che è la sua stessa esistenza, che diviene la riprova della possibilità di un amore che dona la propria vita per gli amici.

Chiediamo a lui che, accogliendo le sue parole, lui stesso ci sveli il senso quotidiano di una risposta di fede che ci aiuti sempre più, e meglio, a donare la vita per l'altro, per l'amico, per Gesù stesso; in questo modo ci ritroveremo impegnati non a sforzarci di amare, ma a imparare ad amare. Il Maestro e Signore che ci chiede di rimanere in lui, che vive in comunione con noi, che si pone dinanzi a noi come l'amico che ci svela l'amore del Padre, che per primo si dona morendo sulla croce, saprà insegnarci ad amare come lui ci ha amati e continua ad amarci, donando tutto noi stessi.

Il tempo e l'esperienza che ci matureranno nell'amore diventano il luogo e l'incontro con lo stesso amore di Dio, che ci interroga e ci sprona. Come comunità cristiana siamo e vogliamo essere fedeli all'amore di Gesù e, specie oggi, questo significa porci in costante tensione, che porta in sé anche la reale possibilità di *dare la vita*, cioè morire per la propria fede, come ci testimoniano comunità cristiane perseguitate per il solo fatto di essere di Cristo.

La morte per l'altro, anche per il cosiddetto nemico, non è mai vana: né per chi muore né per chi resta! I martiri ce lo ricordano. Il martirio, orizzonte proprio di ogni vita cristiana, diventi non "una possibilità", ma "la possibilità" di vivere nella fedeltà all'amore di Gesù.

> Voi siete miei amici se fate ciò che io vi comando.
> Non vi chiamo più servi, perché il servo non sa ciò che fa il padrone.
> Vi ho chiamati amici, perché tutto ciò che ho udito
> dal Padre mio ve l'ho fatto conoscere.
>
> Giovanni 15,14-15

*Siete miei amici... Vi ho chiamati amici...* Gesù sente il bisogno di ricordare cosa c'è dietro questa amicizia che ha connotati che travalicano i sentimenti umani e che invece hanno in sé la riprova dell'amore del Padre.

Vi è un rapporto da condividere, scoprire e vivere tra coloro che si chiamano amici, un rapporto che, al contrario di chi è servo, si pone nell'ambito della familiarità della conoscenza, dell'obbedienza, dell'amore.

Gesù non ci chiama più servi – dice ai suoi discepoli – *perché il servo non sa ciò che fa il padrone*. Si instaura, tra servo e padrone, non un rapporto di apertura di cuore, di piena e mutua conoscenza, di condivisione, di imitazione, ma di sudditanza, di servile obbedienza, di sottomissione pedissequa e dovuta. Se il nostro rapporto con Dio è quello di un servo, non siamo in sintonia col Dio di Gesù Cristo rivelatoci e fattoci conoscere nella sua Parola di vita. Ripetiamolo: non c'è sudditanza servile nel rapporto col Padre in Gesù, non c'è servilismo spersonificante nella verità di Gesù, non vi può essere vita da servo per il suo discepolo. Se abbiamo una visione distorta del cristianesimo, questa non può essere imputata all'insegnamento di Gesù, che è chiaro e coinvolgente. Ribadisco: il servo esegue, l'amico conosce!

L'identificazione dell'amico di Gesù si pone nella corrispondenza al suo volere: *Siete miei amici se fate ciò che io vi comando*. In poche parole, veniamo nuovamente ricondotti all'ascolto/obbedienza della sua Parola come quel discriminante che ci fa essere di Gesù, stare con Gesù, vivere di Gesù. Un ascolto, dunque, che coinvolge dal di dentro la persona; se Gesù sente il bisogno di usare questa terminologia di certo lo fa non per prendere spunto dall'amicizia umana, ma per rivelare il senso della vera amicizia che è quello dell'essere dono reciproco.

Potremmo chiederci: cosa ci comanda Gesù? La risposta l'abbiamo già ascoltata e la riascolteremo a breve: *Questo vi comando: amatevi gli uni gli altri* (Gv 15,17; cfr 13,35).

L'esperienza molte volte ci fa toccare con mano la reale difficoltà di coltivare, mantenere, trovare un'amicizia che sia vera, che ci ricordi questo senso di donazione, che abbia in sé l'elemento della fiducia, della franchezza, dello stare bene con l'amico, ma ugualmente, come si diceva, che ci riveli la bellezza di uno stare insieme che, pur negli affetti, vada molto oltre questi, ritrovandosi nell'impegno ad amare come nell'impegno che dia senso al nostro stesso esistere.

Inoltre Gesù, come accennavo, specifica il senso di questa amicizia che pone in continuità il suo rapporto col Padre con il rapporto con i discepoli. *Vi ho chiamati amici, perché tutto ciò che ho udito dal Padre mio ve l'ho fatto conoscere.*

L'amicizia con Gesù si fonda sulla realizzazione della stessa missione affidatagli dal Padre. Gesù può riconoscere i suoi discepoli come amici perché tutto ciò che il Padre gli ha rivelato – *ho udito* – lo ha dato a conoscenza a loro. Sembrerebbe strano che la verità di un'amicizia si ponga nella verità dell'a-dempimento/obbedienza di quello che è stato l'annuncio del Regno di Dio al mondo, ma ugualmente raccogliamo, in queste parole, la profondità di un rapporto tutto da scoprire tra Gesù, i suoi amici e il Padre. Un rapporto dove si erge a novità il senso di un'amicizia che più che coltivata ci viene donata in Gesù, e più che raccolta, nel senso di corrispondenza, ci chiede unicamente una risposta d'amore reciproco, tra gli amici e oltre gli stessi amici.

Certo Gesù, che è un'unica cosa col Padre suo, se ci ha fatto conoscere tutto ciò che il Padre ha voluto farci conoscere di sé, ci ricorda l'importanza dello Spirito, santo e vivificante, che sarà il garante di questa conoscenza che attuerà nella vita degli "amici". Questa continuità farà della propria risposta d'amore la novità del pensare e del fare del cristiano nel mondo.

Ci dia forza e luce, lo Spirito del Signore, affinché non deludiamo la verità del nostro essere amici di Gesù; ci dia sempre occhi nuovi per sconfiggere la precarietà di un rapporto che si accontenta di ritrovarsi servo per non sentirsi coinvolto più di tanto in una missione che è stata quella stessa di Gesù; ci dia consolazione e unzione sempre nuova per trovare in ogni occhio di fratello un amico da amare e non un nemico da cui difendersi.

Non voi avete eletto me, ma io ho eletto voi e vi ho costituiti perché andiate e portiate frutto e il vostro frutto rimanga, affinché qualsiasi cosa chiediate al Padre nel mio nome ve la dia.

GIOVANNI 15,16

Il rimanere in Lui ci fa un'unica cosa con Lui. Se la sorte del Maestro è quella del discepolo, si instaura tra i due come una consequenzialità continua che, sebbene parta sempre dall'iniziativa di Gesù, potrà dare quelle vitali raccomandazioni per realizzare la propria vocazione cristiana nella gioia di una risposta d'amore che coinvolga e fruttifichi nella carità.

In primo luogo la vocazione, la scelta, la chiamata. Tutto viene da Lui e tutto torna a Lui.

*Non voi avete eletto me, ma io ho eletto voi e vi ho costituiti perché andiate e portiate frutto.*

La scelta di essere amici di Gesù è un'elezione, è una vocazione; si vive in un rapporto del tutto unico e singolare, che chiama gli amici a rispondere con fedeltà d'amore alla propria vocazione. Anzi tale scelta, chiamata, vocazione, elezione si concretizza in una vera e propria fondazione – essere ricreati nell'amore – che ci specifica nella grandezza di tale chiamata.

Dice Gesù: *Io vi ho costituiti.* Essere costituiti significa ricordare il nesso vitale che intercorre tra Maestro e discepolo, tra chiamato e chiamante; potremmo ricordare le già citate parole: *Senza di me non potete far nulla* (Gv 15,5). Potremmo scorgere in questa espressione la ragion d'essere del cristiano, del credente: da una parte essere e fare grazie a Gesù, tutto proviene da lui, tutto si realizza grazie a lui, tutto si pone in essere in lui; dall'altra, tutto dipende da ciascuno di noi, ha bisogno della nostra collaborazione, ha necessità del "nostro poco" affinché lui stesso possa agire tramite noi; ricordiamo i pochi pani e pesci, che sono il nostro poco, che in Gesù sfamano migliaia di persone (cfr Mc 6,34-44).

L'essere "costituiti", cioè il ritrovarci ciò che siamo, disce-poli, amici, cristiani, ha come chiara finalità la missione: l'andare e il portare il frutto della salvezza partecipatoci. La vocazione cristiana non può, se è tale, rimanere infruttuo-sa, sterile; in quanto tale, in quanto tralcio unito alla vita, la vita dell'amico di Gesù, del discepolo scelto e amato, deve portare un frutto duraturo: *Il vostro frutto rimanga*. La mis-sione è la riprova del nostro essere innestati in lui, del no-stro rimanere in lui: *Chi dice di rimanere in lui, deve anch'egli comportarsi come lui si è comportato* (1Gv 2,6).

Ancora più singolari le espressioni che concludono que-sto versetto: *Affinché qualsiasi cosa chiediate al Padre mio nel mio nome ve la dia.*

Ciò che caratterizza la supplica, la domanda, la richiesta, che è conseguenza del far fruttificare i talenti donatici, ha bisogno di una garanzia incontrovertibile che viene ricor-data essere il nome di Gesù: *Nel mio nome!*

Potremmo dire che l'essere discepoli, se ci pone nella con-tinuità dell'operato del Maestro, attua nell'esistenza la sua stessa missione e dunque il Padre riconosce, in ogni richie-sta del discepolo, questa continuità dell'invocazione pro-pria del Figlio che diviene – in quanto è e rimane – l'unico mediatore tra Dio e gli uomini. Nel suo nome sarà predicata alle genti la buona novella del Regno (cfr Lc 24,47); nel suo nome la Chiesa nascente opera i prodigi che la pasqua del suo Signore elargisce a piene mani agli uomini di fede (cfr At 3,6); nel suo nome si adempie ogni cosa e sempre in esso il Padre riconosce, come un distintivo indelebile, che il di-scepolo è amico del Maestro, di Gesù, del Signore.

Vi è una singolare ma significativa preghiera che il bio-grafo di Francesco d'Assisi, fra Tommaso da Celano, ricorda nella sua biografia, nella consapevolezza che il Santo gode della comunione con Dio e che tramite Cristo supplica il Pa-dre, avendo come garanzia i segni della Passione:

«Mostra, o Padre [Francesco], a Gesù Cristo, Figlio del

sommo Padre, le tue venerande stimmate e presenta i segni della croce sul tuo costato, nelle tue mani e nei tuoi piedi, perché egli stesso, a sua volta, si degni misericordiosamente di mostrare le proprie ferite al Padre, il quale certamente, a quella vista, sarà sempre benigno con noi miseri! Amen. Fiat! Fiat!».[3]

Questo vi comando: amatevi gli uni gli altri.

Giovanni 15,17

La chiarezza di questa espressione non avrebbe bisogno di altre spiegazioni; la semplicità di queste parole ha solo bisogno di un silenzio adorante che ci faccia prendere coscienza di ciò che siamo e di come dobbiamo vivere la nostra vita cristiana: amando!

Come già accennavo sopra, il termine amore – *agape, filia, eros* (in greco ha tre accezioni molto interessanti che evidenziano tre aspetti diversi ma interdipendenti di ciò che è amare: l'amore oblativo, l'amore di amicizia, l'amore passione e coinvolgimento) – oggi subisce una spaventosa svalutazione. Se da una parte si tradisce la sua verità scimmiottandola con piccoli compiacimenti che vogliono tradurre la sua serietà, dall'altra, una volta compreso, molte volte a proprie spese, ciò che esso "nasconde", la verità dell'amore come viene comunemente intesa, ci si innamora, cioè si coglie la profondità di un asserto che non può che coinvolgere totalmente ed esclusivamente tutto il proprio essere, tempo, attività, pensieri, desideri, azioni.

*Questo vi comando*, dice Gesù! Bisogna certamente porsi nella dinamica del discorso che, come un diamante prezioso incastonato in una corona regale, ha in sé questa frase.

---

[3] *Vita del beato Francesco (prima)* di Tommaso da Celano, n. 118.

Sappiamo bene, e l'esperienza ce lo dimostra continuamente, che dietro l'amore non vi può essere un comando, un'imposizione, una coercizione; a rigore di ragionamento potremmo anche dire che neppure Dio può "comandarci" di amare. Allora cosa c'è dietro questa espressione così perentoria che troviamo anche altre volte nell'Evangelo? Dobbiamo ammetterlo: il Signore ci ama troppo per pensare che, nonostante tutto, l'uomo possa non amarlo; proprio per questo "rincara la dose" e con parole d'amore ci chiede imperativamente di amarlo e di amarci, ben sapendo che questa non solo è l'unica strada per la nostra felicità ma che è anche la strada su cui si rispecchierà la stessa comunione che c'è in lui – Dio, Padre, Figlio, Spirito – qui in noi, sulla terra, nel nostro pellegrinaggio.

Il contrario dell'amore è l'odio, cioè il far spazio al contrario di Dio, a Satana e a tutti i suoi satelliti, che lottano contro Dio e che, pur essendo già stati sconfitti dalla morte e risurrezione di Cristo, attendono di stornare la verità dell'amore dal cuore dell'uomo e sostituirla con l'odio viscerale e distruttivo.

Entrambi gli atteggiamenti e sentimenti, amore e odio, provengono e si ritrovano dentro il nostro cuore: l'uno è riprova della presenza dello Spirito di Dio che ci vuole felici e santi, l'altro è riprova dello spirito del male che ci vuole sottomessi al suo impero che è morte e tenebra. Potremmo dire: a noi la scelta, a noi l'opzione. Ma dobbiamo ammettere che questa scelta è troppo compromettente. Siamo fragili dinanzi alla nostra umanità. Sì, siamo chiamati a scegliere liberamente, a poter optare, nella libertà che ci appartiene, tra bene e male, tra amore e odio. Ma come sono suasive e necessarie – necessarie di una necessità d'amore –, come un deterrente che ci fa intravedere la gioia nel compierle, le parole imperative di Gesù!

Diciamolo francamente: abbiamo bisogno che Gesù ci ripeta, ci comandi, di amarlo e di amarci; abbiamo bisogno che in Gesù, e la Chiesa in lui, ce lo ricordi e ce lo insegni sulla scia dell'Evangelo; abbiamo bisogno di testimoni e profeti dell'amore eterno e fraterno; abbiamo bisogno che qualcuno ci dia una riprova di questo amore che travalichi i bei concetti e si spinga nella vita, nella nostra esistenza, come fattiva esperienza che coinvolga e inevitabilmente affascini e ci chiami a risposte di imitazione e di adesione.

*Amatevi gli uni gli altri.* L'amore che Gesù ci impone nel suo amore e che noi, conoscendo la necessità di tale imperativo per la nostra vita, accogliamo con riconoscenza e affetto, è un amore reciproco. Non egoisticamente reclinato su di sé e sulle proprie visioni di attesa e di ricompensa, ma come si dice un amore oblativo, cioè che si dona e nel dono riceve. Quest'impegno reciproco, di tutti, diviene veramente la scuola della comunione, del volerci bene, del guardarci con affettuosa e gioiosa accoglienza senza egoistici secondi fini o peggio inconcludenti ammiccamenti di attese di corrispondenza.

Cosa significa che l'amore sia fraterno? Che dobbiamo amarci reciprocamente come fratelli? Che dobbiamo amarci gli uni gli altri come Gesù ci ha amato? E come è possibile ritrovarci impegnati ad amare sull'esempio di Cristo, questo Cristo che la maggior parte dell'umanità sembra non conoscere o rifiutare?

Sta proprio qui il segreto della presenza e dell'opera dello Spirito nel cuore dell'uomo, al di là dell'imbarbarimento del cuore che sembra essere, in questi ultimi anni, la via che la stragrande maggioranza delle persone ha scelto come stile di vita: dobbiamo testimoniare, nella fede, la nostra fede nella presenza e nell'opera dello Spirito nel cuore dell'uomo di buona volontà.

In questo riconoscimento dobbiamo altresì ritrovarci grandemente impegnati, come comunità cristiana, non a seminare proselitismo, ma a riconoscere Dio all'opera nella speranza e nella carità.

Il Signore *non ha accorciato il suo braccio*, nonostante molte volte l'uomo, e anche l'uomo di Chiesa, pensi o faccia pensare diversamente: il cuore dell'uomo lo conosce solo il Signore! Se gli uomini hanno fatto delle religioni dei motivi per uccidersi a vicenda, significa non solo che dietro quelle religioni Dio non ci potrà mai essere, ma anche che, in esse, si ritrova l'opera del maligno; analogamente, se le religioni non lavorano per diffondere la verità della comunione universale nell'unico Dio, che chiaramente per noi cristiani ha in Cristo l'unico mediatore e salvatore, ci ritroveremo sempre più lontani dalla verità e gli uni contro gli altri.

Se dobbiamo amarci gli uni gli altri, incominciando da noi stessi, da coloro che vivono la nostra stessa fede e da coloro che vivono vicino a noi, ugualmente dobbiamo amarci gli uni gli altri anche nonostante le differenze e le diverse appartenenze. In questo modo i cristiani possono e devono essere quel lievito che, misteriosamente ma realmente, dona al mondo intero la speranza di un uomo che, riconoscendo l'altro come proprio simile, fratello amato, possa instaurare con lui un rapporto di conoscenza, rispetto e amicizia che costruisca la serenità e la pace per l'umanità di oggi e di domani. A noi la sfida da accogliere e vivere, da proporre e testimoniare, da donare e annunciare.

Se il mondo vi odia, sappiate che ha odiato me prima di voi. Se foste del mondo, il mondo amerebbe ciò che è suo. Poiché invece non siete del mondo, ma io vi ho eletti dal mondo, per questo il mondo vi odia.

GIOVANNI 15,18-19

Dietro il comandamento dell'amore fraterno non può esserci quella faciloneria che molte volte ha avvelenato il messaggio evangelico, svuotandolo di serietà. La risposta all'amore con l'amore è impari; il maligno, che sembra dominare, gioca continuamente tutte le sue carte affinché l'amore sia sconfitto.

Ed ecco la tematica dell'odio del mondo, con quella sua accezione negativa che molte volte ricorre negli scritti giovannei e che nasconde la verità della presenza del maligno che ostacola l'avvento del Regno.

Anche qui Gesù si pone come il referente che deve poter aiutare i discepoli a non farsi ammaliare dalla reale difficoltà di combattere il maligno, bensì ad avere quella fiduciosa fede che, nonostante tutto, il male non potrà mai essere l'ultima parola verso l'uomo e il mondo stesso.

*Se il mondo vi odia, sappiate che ha odiato me prima di voi.* Gesù profetizza che l'esperienza del rifiuto che lui stesso sta vivendo non potrà che essere l'esperienza che anche i discepoli, la Chiesa e i cristiani, vivranno sulla propria pelle sulla scia della stessa esperienza del Maestro. Lui stesso aveva detto: *Il mondo non può odiare voi, ma odia me, perché di esso io attesto che le sue opere sono cattive* (Gv 7,7). Adesso, alla fine del suo cammino, Gesù sente il bisogno di mettere in guardia i discepoli: dopo la sua morte e risurrezione il mondo li odierà.

L'amico di Gesù, il suo discepolo, l'uomo di fede, è stato scelto dal mondo ma per porsi fuori dal mondo, dalle sue logiche, dal suo potere di morte. *Io vi ho eletti dal mondo.* La scelta viene fatta coraggiosamente: da una parte scelti *dal mondo*, ma dall'altra *non siete del mondo*, cioè non appartenete ad esso, *proprio per questo il mondo vi odia.* Con logica chiara infatti Gesù ricorda: *Se foste del mondo, il mondo amerebbe ciò che è suo.*

L'odio del mondo. Perché il mondo ci odia? Perché non siamo del mondo, siamo di Cristo!

L'essere di Cristo ci introduce, molte volte anche senza rendercene conto, dentro il vortice del rifiuto di noi stessi da parte del mondo. Pensiamo ai tanti che strategicamente combattono la Chiesa, direi come propria vocazione e scelta, a coloro che mettono sempre, volutamente e maliziosamente, "il dito nella piaga" di fronte a quelle che possono essere le contro-testimonianze degli uomini di Chiesa. Vi è una contrapposizione impari che vede schierati figli della luce e figli delle tenebre, con questi ultimi dichiaratamente impegnati a odiare, come direbbe sempre Giovanni (cfr 1Gv 2,11); una lotta tra le opere del bene e l'opera del maligno.

*Non meravigliatevi fratelli se il mondo vi odia. Noi sappiamo che siamo passati dalla morte alla vita, perché amiamo i fratelli. Chi non ama rimane nella morte. Chiunque odia il proprio fratello è omicida, e voi sapete che nessun omicida ha la vita eterna che dimora in lui* (1Gv 3,13-15).

Gli uomini non possono non schierarsi, non ci sono uomini neutri; ma la cosa che fa soffrire è che molte volte la scelta di optare per il mondo è una scelta che, nella sua intransigenza, si nutre di odio preconcetto, di pregiudizi alimentati a dovere dalla menzogna; non per nulla quest'ultima si identifica con lo stesso Satana, il divisore, l'anticristo; una menzogna volutamente posta in essere e diffusa per screditare e offuscare la verità. Il potere del maligno è terrificante. Se prendiamo oggi le grandi *lobby* che reggono il mondo economico, che manovrano la stessa politica, e se riscontriamo in esse l'azione del maligno e la scelta di combattere la Chiesa, non possiamo che immaginarci solo minimamente con chi si ha a che fare. Massoneria e logge di potere, fondamentalismi religiosi all'interno e al di fuori della Chiesa, scandali veri e scandali architettati a dovere: insomma, non mancano le derive nefaste associate al potere del male.

L'essere stati *eletti dal mondo* ci pone in contrapposizione col potere del male, ma principalmente ci pone come seme di speranza nel cuore del mondo stesso. Cosa sarebbe il mondo senza i cristiani, senza la Chiesa? Con umile fiducia nella fede che diffonde il Regno, ben sappiamo che l'opera di bene della Chiesa e dei cristiani, ormai affascinante avventura senza ritorno, diviene veramente motivo per reggere le sorti di questo mondo. Quante vite fallite nelle paludi del non-senso fisico, morale, economico, politico;

quanti tradimenti della propria umanità che, dedita a Satana, si ritrova schiava di se stessa e incapace di uscire fuori da un tunnel che inevitabilmente e tragicamente porterà alla morte, forse anche alla morte eterna.

Gli esempi ben diversi di milioni di uomini e donne che nella semplicità della vita di fede sono il sostegno dell'umanità intera, con le loro opere di bene, con il loro seminare ed educare al bene, sono davvero quell'obolo nascosto della vedova (cfr Mc 12,41-43) che se davanti agli uomini appare piccola e inutile cosa, davanti a Dio vale molto più di tante altre ricchezze. Vogliamo dire grazie per la santità della Chiesa, pur riconoscendole il dovere, come ogni corpo umano, di rinnovarsi e trasformarsi sempre più in Vangelo vivente. Un auspicio che richiede a tutti noi di porci in questo continuo cammino di conversione.

> Ricordate la parola che io vi dissi: Non c'è servo più grande del suo padrone. Se hanno perseguitato me, perseguiteranno anche voi. Se hanno osservato la mia parola, anche la vostra osserveranno. Ma tutto questo faranno a voi a causa del mio nome, perché non conoscono colui che mi ha mandato.
>
> GIOVANNI 15,20-21

*In verità, in verità vi dico: un servo non è più grande del suo padrone, né un inviato è più grande di chi lo ha mandato. Sapendo queste cose, siete beati se le mettete in pratica. (...) In verità, in verità vi dico: chi accoglie colui che io manderò, accoglie me; chi accoglie me, accoglie colui che mi ha mandato* (Gv 13,16-20). Sono queste le parole a cui Gesù si riferisce dicendo: *Ricordate la parola che io vi dissi.*

Abbiamo necessità di ricordare, di mettere insieme i pezzi, come si suol dire, di avere una visione d'insieme, di non smarrire il filo rosso che ci viene svelato; abbiamo bisogno di poter accogliere la vita di fede non nella frammentarietà del suo svolgersi, ma nell'unità della sua scelta di fondo che ci dice di essere cristiani, in ogni cosa e in ogni momento. In questo, la memoria della Parola diviene determinante, necessaria; ci deve accompagnare, anzi dobbiamo proprio esercitarci, rivangare le dolci parole donateci per riascoltarle in una nuova prospettiva di attualizzazione.

Il far memoria si riferisce alla continuità della missione, che già è stata sottolineata, visto che non si può pensare che il servo abbia la meglio sulla sorte già vissuta dal padrone: *Non c'è servo più grande del suo padrone.* Il termine "servo" non viene inteso nell'accezione che lo pone in contrapposizione a quello di "amico" bensì nell'ottica del discorso del servizio che presenta, nella lavanda dei piedi, il gesto più eloquente da far proprio; un gesto che, al di là dell'atto, richiama l'atteggiamento di fondo da coltivare e attuare.

Due sono i riferimenti che Gesù ricorda che, anche se citati con parole diverse, richiamano lo stesso significato: quello della continuità della missione, del ricalcare le orme del maestro da parte del discepolo. Ma, direi emblematicamente, il ricordare questo rapporto adesso si sposta esistenzialmente su due sottolineature importanti: la persecuzione e l'osservanza della Parola.

*Se hanno perseguitato me perseguiteranno anche voi.* Questa frase è importante perché ricorda alla Chiesa di sempre che la persecuzione le appartiene; non vi sarà Chiesa nella Storia che non soffrirà persecuzioni, e ciò possiamo affermarlo come lo afferma la costituzione dogmatica sulla Chiesa del Concilio Vaticano II. Gesù è stato perseguitato e quindi se lui, capo del corpo, ha vissuto nella sua vita terrena una dimensione così eloquente e drammatica, ugualmente, nelle svariate e diverse situazioni ma nella stessa lunghezza d'onda, anche i membri del corpo, cioè i cristiani, si porranno in questa inevitabile prospettiva. La Chiesa insegna infatti che martirio e persecuzioni non mancheranno mai nella vita cristiana.

Questa memoria si pone nell'attuazione del senso delle espressioni di Gesù sul donare la vita, e non solo come una possibilità ma come una realtà:

«Avendo Gesù, Figlio di Dio, manifestato la sua carità dando per noi la sua vita, nessuno ha più grande amore di colui che dà la sua vita per lui e per i fratelli (cfr 1Gv 3,16; Gv 15,13). Già fin dai primi tempi, quindi, alcuni cristiani sono stati chiamati, *e lo saranno sempre*, a rendere questa massima testimonianza d'amore davanti a tutti, e specialmente davanti ai persecutori. Perciò il martirio, col quale il discepolo è reso simile al maestro che liberamente accetta la morte per la salvezza del mondo, e a lui si conforma nella effusione del sangue, è stimato dalla Chiesa come il dono eccezionale e la suprema prova di carità. Che se a pochi il martirio è concesso, devono però tutti essere pronti a confessare Cristo davanti agli uomini, e a seguirlo sulla via della croce attraverso le persecuzione che *non mancheranno mai alla Chiesa*».[4]

*Se hanno osservato la mia parola anche la vostra osserveranno.* Ugualmente ci si pone nella continuità di un annunzio della Parola che diviene motivo, perché ne ritrova il vero senso, di un'osservanza non servile bensì amorevole. L'osservare la Parola del Signore ci ricorda la necessità di accogliere il suo insegnamento, ma dietro a ciò ci ricorda la fede nella sua persona. Non possiamo mai dimenticare che dietro la Parola annunciataci, e che annunciamo, vi è una persona, il Figlio di Dio benedetto: lui annunciamo, lui parla, lui viene accolto, lui è dietro la verità del discepolo.

È interessante inoltre accogliere le ulteriori espressioni di Gesù: *Ma tutto questo faranno a voi a causa del mio nome, perché non conoscono colui che mi ha mandato.* Come a dire che il discriminante dell'odio verso i cristiani è Gesù stesso,

---

[4] *Lumen Gentium*, n. 42.

diversamente non si spiegherebbe l'accanimento contro di loro. Ma ciò deriva da un'incongruenza di fondo: non saper riconoscere che dietro Gesù vi è il Padre, vi è quel Dio che accomuna le tre religioni monoteiste.

Il nome di Gesù, alla luce della Storia, per causa dei cristiani ha creato tantissime incongruenze che non avevano proprio nulla a che fare col Vangelo; certamente tutto ciò, e molto altro, diviene la riprova di una necessità, per la Chiesa, di non smettere di annunciare Cristo, Figlio del Padre, volto d'amore del Padre, inviato del Padre.

> Se non fossi venuto e non avessi parlato loro, non avrebbero peccato; ma ora non hanno scuse per il loro peccato. Chi odia me odia anche il Padre mio. Se non avessi fatto in mezzo a loro opere che nessun altro ha mai fatto, non avrebbero peccato; ora invece hanno visto e hanno odiato me e il Padre mio. Questo perché si compisse la parola scritta nella loro legge: «Mi hanno odiato senza ragione».
>
> GIOVANNI 15,22-25

Il rifiuto di Cristo, dopo la sua venuta, diventa assurdo preconcetto. Un rifiuto che diviene ugualmente negazione del Padre e che nasce dal respingimento della persona di Gesù, della sua Parola; tanto che dopo la sua venuta e l'annunzio della Buona Novella, Gesù stesso può benissimo dire: *Ora non hanno scuse per il loro peccato.*

Vi è un altro passo nel Vangelo di Gesù che ricorda questa chiusura di cuore, questa intransigenza d'animo, ed è il famoso episodio della guarigione del cieco nato (cfr Gv 9,1-41). Dinanzi all'ostinata chiusura del cuore che impedisce di accogliere l'evidenza, e che evidenza! – *una cosa io so: ero cieco e ora ci vedo* (Gv 9,25), dirà il cieco guarito ai Giudei –, Gesù arriva a dire parole molto forti a coloro che hanno scelto le tenebre rifiutando la luce e l'evidenza della luce: *Se foste ciechi, non avreste alcun peccato, ma siccome dite: «Noi vediamo», il vostro peccato rimane* (Gv 9,41).

Il peccato rimane, non hanno scuse, proprio perché si è chiusi all'evidenza, si vuole, per scelta ottusa e inconcludente, dire no alla novità del Vangelo. Gesù comunque ne svela i risvolti profondi, che sono quelli dell'odio, dell'adesione a Satana, il principe delle tenebre.

Non solo hanno ascoltato, ma hanno anche visto. *Se non avessi fatto in mezzo a loro opere che nessuno ha mai fatto, non avrebbero peccato; ora invece hanno visto...*

Ma cosa c'è dietro questo rifiuto? Gesù lo svela senza sotterfugi: dietro questo rifiuto vi è l'incapacità, da parte dei Giudei e di tutti coloro che lo odieranno lungo i secoli nel suo corpo che è la Chiesa, di riconoscere Gesù Figlio del Padre. *Chi odia me odia anche il Padre mio... Hanno visto e hanno odiato me e il Padre mio.*

Glielo avevano detto chiaramente e adesso Gesù, al termine della sua vita, lo ricorda a se stesso e per i suoi discepoli. *I Giudei raccolsero delle pietre per lapidarlo. Gesù disse loro: «Vi ho fatto vedere molte opere buone da parte del Padre; per quale di esse volete lapidarmi?». Gli risposero i Giudei: «Non ti lapidiamo per un'opera buona, ma per una bestemmia: perché tu che sei uomo ti fai Dio»* (Gv 10,31-33).

D'altronde, dobbiamo ammettere che la specificità della nostra fede è proprio questa: che Gesù, facendosi uomo, non smette di essere Dio, e l'uomo in lui è chiamato a farsi Dio. La fede israelita, così monoliticamente vista nell'esteriorità di un messaggio che non accetta novità, non potrà mai accettare questa presunta bestemmia; o meglio, bisogna dire, non la potranno mai accettare coloro che avevano già fatto una caricatura di quella legge di Dio rivelata dal Signore, perché, come dirà Gesù, ogni iota della legge antica non si sconfessa ma si compie (cfr Mt 5,18).

Ritroviamo proprio qui, infatti, una delle poche esplicite citazioni profetiche del vangelo di Giovanni, a riprova che era proprio lì, nella Torah e nella tradizione di Israele, che si poteva benissimo accogliere il nuovo messaggio, come d'altronde è avvenuto. Non dimentichiamoci che la prima comunità cristiana ha il suo fondamento proprio in Gerusalemme; sono i Giudeo-cristiani che formano, per secoli, la Chiesa delle origini, a testimoniare, nonostante tutto, che la storia della salvezza si è posta in quella vitale continuità che diviene il ceppo antico da cui, come virgulto nuovo, si fa avanti la verità di Dio per l'uomo.

Questo perché si compisse la parola scritta nella loro legge: *Mi hanno odiato senza ragione*. Il riferimento è a due citazioni dei Salmi: *Non esultino su di me i nemici bugiardi, non strizzino l'occhio, quelli che, senza motivo, mi odiano* (35,19); e ancora: *Sono più numerosi dei capelli del mio capo quelli che mi odiano senza ragione* (69,5). Siamo dinanzi al salmista che si pone di fronte a Dio con fiducia, nonostante si ritrovi ingiustamente perseguitato; la certezza dell'intervento del Signore liberatore e salvatore fa sì che chi, umanamente, si vede attaccato da ogni parte nell'ingiustizia e cattiveria degli uomini non abbia l'ultima e decisiva parola. Riferimenti espliciti che ritroveremo nell'esperienza stessa della passione del Signore.

Benché si noti la sopita ostilità della comunità giovannea verso i Giudei, che nel Vangelo hanno una caratterizzazione del tutto negativa e sono responsabili della morte di Cristo – *nella loro legge*, dice – questa citazione ribadisce come appunto quella legge avesse in sé tutti gli elementi perché Gesù fosse invece riconosciuto come l'inviato di Dio. Un Dio che ora, dice Gesù, è il Padre suo, è il Padre che è nei cieli, è il Padre riflesso sul suo volto, è il Padre che è un'unica cosa col Figlio.

> Quando verrà il Paraclito, che vi manderò dal Padre, lo Spirito di
> verità che procede dal Padre, egli mi darà testimonianza; e anche voi
> mi date testimonianza, perché siete con me fin dall'inizio.
>
> Giovanni 15,26-27

Chi mai e in pienezza potrà far comprendere questa verità? Questa rivelazione ha bisogno di Dio stesso per far sì che l'uomo, anche il pio israelita non lontano dal Regno (cfr Mc 12,34), si ponga nella sintonia della fede in Gesù Cristo. Questo compito è proprio dello Spirito, del Consolatore, del Paraclito, del Difensore, dello Spirito buono e vivificante che illumina, guida e sostiene. La rivelazione di Gesù si fa esplicita e chiara.

*Quando verrà il Paraclito, che vi manderò dal Padre, lo Spirito di verità che procede dal Padre, egli mi darà testimonianza.*

Nuovamente si parla del Paraclito, si dice espressamente che è inviato da Gesù, da presso il Padre: dunque vi è una consequenzialità tra l'invio dello Spirito, l'opera di Gesù e la volontà del Padre; il "procedere" dal Padre poi, ancora una volta, mette in sintonia questo invio con la realtà dell'"unica cosa": col Figlio e col Padre.

Questo invio inoltre si pone nella Storia cioè coinvolge i discepoli, chiamati ad accogliere il Consolatore, al fine di una testimonianza che sia conseguente. Come a ricordare che l'invio dello Spirito non è fine a se stesso: oltre che porre in sinergia, è il Padre, è il Figlio, e si porrà nella Storia nella testimonianza del Figlio adempiendo, in ciò, il volere del Padre.

La testimonianza dunque è opera dello Spirito: questi la darà al Figlio e, come conseguenza logica, abitando nei discepoli deputerà questi a dare uguale testimonianza del Figlio al mondo.

Gesù pone in rapporto la testimonianza dei discepoli, che si pone in essere grazie all'azione in loro del Paraclito, con quel volere del Padre che pone ogni cosa fin dal principio;

dice il Maestro ai suoi: *E anche voi mi date testimonianza, perché siete con me fin dal principio.*

Dietro a questo asserto temporale non si può certo vedere soltanto il fatto che i discepoli sono coloro che sono stati da sempre con Gesù; questo è senz'altro vero, tanto che quando si deve sostituire Giuda, il traditore, garanzia per essere discepolo è il fatto che sia stato *con noi per tutto il tempo nel quale il Signore Gesù ha vissuto fra noi* (At 1,21); ma bisogna anche dire che lo stare con Gesù fin dal principio evoca una comunione del tutto unica e particolare, un rapporto fraterno e di partecipazione. Anzi, dalle espressioni di Gesù si deduce che è proprio questa relazione che pone al primo posto il rapporto, a essere garanzia per una verace testimonianza.

Con umiltà e con fiducia chiediamo al Signore che i discepoli di sempre siano capaci di una testimonianza che deriva in loro dall'operato dello Spirito, che sia frutto del Paraclito che agisce in loro; i discepoli di Cristo, nel corso della Storia, hanno portato sulle spalle troppi protagonismi, troppe testimonianze mancate. Abbiamo bisogno di una primavera di testimoni audaci e fedeli, di testimoni che siano frutto della consapevolezza di essere stati con Lui *fin dal principio,* nella piena e coscente esperienza di un "sempre" – *fin dal principio* – che forma e orienta; testimoni che dunque si facciano unicamente guidare dal soffio salutare del "dito di Dio".

Con questi versetti si conclude il quindicesimo capitolo dell'Evangelo. Come vedremo, il discorso continua subito dopo e, questa volta, in una logica consequenziale che segue il filone della rivelazione ai discepoli del volere del Padre, che passa attraverso le parole di Gesù e si attua nella Storia grazie all'azione dello Spirito Santo.

# Evangelo di Giovanni
## Capitolo 16

Questo vi ho detto, perché non rimaniate scandalizzati. Vi cacceranno fuori dalle sinagoghe; viene anzi l'ora in cui chi vi ucciderà penserà di rendere un culto a Dio. Questo faranno perché non hanno conosciuto né il Padre né me. Ma questo vi ho detto affinché quando verrà la loro ora, ricordiate che io ve l'avevo detto.

GIOVANNI 16,1-4a

La logica rivelatrice di Gesù rimane come una riprova del suo amore per noi; un amore che richiede, molte volte, il pensare cose inaudite ponendosi, da discepoli, alla sua sequela. Ben conoscendo i risvolti della sua rivelazione, il Maestro ricorda: *Questo vi ho detto, perché non rimaniate scandalizzati*. Chi si affida al Maestro riconoscendolo e accogliendolo come Signore, deve sapersi affidare alla sua parola di salvezza, deve far memoria – ricordare attuando – di ciò che egli ha detto ai suoi discepoli e ripete ai discepoli di sempre tramite il suo Spirito d'amore. In questa consapevolezza dinanzi agli inevitabili rifiuti di un messaggio che non si accetta perché non lo si vuole conoscere, bisogna saper confidare nella fede/abbandono in lui, il Signore della Storia.

*Chi vi ucciderà penserà di rendere un culto a Dio*. Molto attuali sono queste espressioni nell'era del fondamentalismo islamico (e non solo), che vede nella propria religione, nel proprio rendere culto a Dio, la possibilità, anzi a volte la necessità, di eliminare chi è diverso, chi crede in un Dio che non sia quello in cui *io* credo. Purtroppo in questi anni si è assistito a un crescendo di odio religioso, di odio tra gli uomini in nome della propria religione.

L'inutile follia di far del male in nome di Dio si annida in una visione della religione che non ha nulla a che fare con la rivelazione del Dio di Gesù Cristo. A un confronto con le altre religioni, specie con coloro che sono attenti a costruire il bene e non a imporlo, un tale pensiero non può che farci inorridire. Abbiamo bisogno di crescere in una consapevolezza che educhi sempre più, specie le nuove generazioni, all'ascolto, alla tolleranza, al confronto, al dialogo, allo stare insieme.

Nella Storia c'è sempre stato chi ha seminato e generato odio, violenza, morte; a questi Gesù ricorda, dicendolo ai propri discepoli, che non rimarranno sorpresi da tale inconcludente violenza: *Questo vi ho detto affinché quando verrà la loro ora, ricordiate che io ve l'avevo detto.* Gesù ce lo ha detto! Solo uno sguardo di fede che ci porta oltre la cattiveria dell'uomo potrà trarre serenità e concordia da queste situazioni che, specie in alcuni paesi, diventano vere e proprie sfide alla propria fede. Una fede che ci si ritrova a vivere nel reale rischio del dono della propria vita, nella reale possibilità di essere eliminati in nome di Dio.

Ma perché succede tutto questo? Come si può arrivare a pianificare la distruzione non solo dei singoli ma delle presenze religiose diverse in interi territori, stati, luoghi? Anche per questi interrogativi Gesù ha una risposta: *Questo faranno perché non hanno conosciuto né il Padre né me.*

Abbiamo detto che il rimanere uniti a Gesù, e quindi al Padre, diviene il tratto distintivo della vita cristiana, che da questa vitale unione accoglie ogni conseguenza che ne deriva. Il rifiutare questo cammino di comunione e di ascolto, questo spesso aprioristico disprezzo verso tutto ciò che è di Cristo, molte volte deriva anche da una visone distorta che si ha della Chiesa e da una mancanza di esperienza ecclesiale, cioè di famiglia, di crescita, di verifica, di mutua accoglienza; non si può amare chi non si conosce. Purtroppo coloro che non si limitano a rifiutarsi di conoscere, ma addirittura combattono "per partito preso", diventano strumento di morte nelle mani del principe del male.

La grande responsabilità dei cristiani è, e rimane sempre, quella di seminare a piene mani la pace, la riconciliazione, il perdono; so bene che dietro a queste parole, per gli stessi cristiani, si annida la difficoltà di accogliere veramente, responsabilmente, amorevolmente, il messaggio dell'Evangelo; bisogna crescere nella fede e imparare sempre più ad amare sull'esempio di Gesù, cioè pronti anche a donare la vita per amore del prossimo.

Il non scandalizzarci delle parole di Gesù diventi dunque uno stimolo a non meravigliarci di dove può arrivare la cattiveria dell'uomo in nome della religione ma, ugualmente, diventi un reiterato impegno che ci faccia confidare nella forza "misteriosa" dello Spirito che agisce nel cuore degli uomini orientandoli al dialogo e al confronto. Nel Signore impariamo a far fruttificare i suoi beni per il bene, e di certo non saremmo in grado di soddisfare la legge del taglione (cfr Es 21,23-27; Mt 5,38-45) che, il più delle volte, regola la linea di condotta di molti.

> Non vi ho detto questo fin dall'inizio perché ero con voi. Ora però vado da colui che mi ha mandato e nessuno di voi mi domanda: Dove vai? Anzi, perché vi ho detto questo, la tristezza ha riempito il vostro cuore.
>
> Giovanni 16,4b -6

Come se le parole avessero bisogno di una maturità tutta da acquisire, Gesù si preoccupa di ricordare ai discepoli che la sua presenza si poneva già di per sé come risposta alle possibili derive di una lettura miope, o meglio farisaica, del suo stesso messaggio. Ma adesso, potremmo dire, siamo alla resa dei conti: Gesù deve lasciare questa terra per far ritorno al Padre e dunque sente il bisogno di un insegnamento che si spinga oltre e che si consegni alla novità e creatività dello Spirito, nel suo volere e nel volere del Padre suo. *Non vi ho detto questo fin dall'inizio perché ero con voi. Ora però vado da colui che mi ha mandato.* La consapevolezza è chiara, direi logica, ma di una chiarezza e logicità che si possono cogliere solo nella fede che abbia imparato ad amare come Gesù stesso.

Il rapporto tra Gesù e il Padre è presentato come un venire e un andare: *Sono disceso dal cielo non per fare la mia volontà, ma la volontà di colui che mi ha mandato* (Gv 6,38); *È venuta l'ora di passare da questo mondo al Padre* (Gv 13,1). Se l'ora è giunta, non tutti sono però pronti ad accoglierla, come gli stessi discepoli testimonieranno con il loro comportamento; ma Gesù, con retorica e provocazione, ribadisce: *Nessuno di voi mi domanda: Dove vai?*

Dinanzi a ogni partenza vi è la legge del distacco che crea sofferenza, che, umanamente, richiede motivazioni: Gesù, in un monologo che diventa quasi un esternare quello che i discepoli portavano nei loro cuori, va loro incontro per consolarli, confortarli, incoraggiarli; la sua spiegazione si fa eloquentemente chiara, come vedremo subito dopo, per far comprendere il mutuo rapporto che intercorre tra lui e il Padre – *da Dio sono uscito e vengo; non sono venuto da me stesso ma lui mi ha mandato* (Gv 8,42); *Io vado dal Padre* (Gv 14,28) – tra lui e lo Spirito, il Paraclito, e tra il Paraclito, lui e il Padre. Un vero ricamo di mistero che ci si offre come dono d'amore di Gesù a noi.

Come sempre, Gesù sa cogliere ciò che c'è nel profondo di ciascun uomo e, in questo momento così delicato e partecipato, svela la verità del cuore degli apostoli che, come logica conseguenza, sarà causa dei fatti che seguiranno: la tristezza, quando attanaglia il cuore, fa spazio al diavolo.

*Anzi, perché vi ho detto questo, la tristezza ha riempito il vostro cuore.* Una persona può essere triste alla luce degli accadimenti che vive ma quando la tristezza "riempie" il cuore significa che trabocca nella vita uno stato d'animo che ci chiude all'evidenza e non sa scorgere, nelle parole e nelle azioni, ciò che realmente succede. Con espressioni molto chiare dirà Paolo: *La tristezza secondo Dio produce un pentimento irrevocabile che porta alla salvezza, mentre la tristezza del mondo produce la morte* (2Cor 7,10).

I discepoli sono affranti dalla tristezza, che si pone nel cuore colmando ogni sentimento, perché vedono e comprendono che le parole solenni di Gesù sono preludio a qualcosa di tragico che dì li a poco si compirà; ugualmente Gesù stesso, come vedremo, profetizza che tale tristezza non è quella del mondo che porta alla morte, ma che essa si trasformerà nella gioia che nessuno potrà mai togliere al cuore ricolmo dello Spirito del Signore (cfr Gv 16,22). Chiediamo allo Spirito consolatore che ci doni sempre occhi e cuore colmi di speranza per andare oltre le umane tristezze e saper scorgere, in Gesù, l'opera di Dio.

> Ma io vi dico la verità: è bene per voi che io parta;
> perché, se non parto, non verrà a voi il Paraclito.
> Se invece me ne vado, lo manderò a voi.
>
> Giovanni 16,7

Come si diceva, la tristezza è prova che i discepoli hanno compreso che queste sono le ultime parole di Gesù, in procinto di vivere la sua "ora" di pieno abbandono alla volontà del Padre e per amore di ogni fratello. Con espressioni accorate che rivelano da una parte la confidenza e dall'altra la gravità del momento – *io vi dico la verità* – Gesù ricorda ai suoi discepoli la necessità di questo passaggio – pasqua – che lo vedrà accogliere la morte e vivere la risurrezione; una necessità che, seppur tragica, avrà inevitabilmente risvolti positivi per i discepoli stessi, di tutti i tempi e in tutti i luoghi.

*È bene per voi che io parta*. La partenza, la dipartita, la morte, è vista come un bene. Interessante notare questa parola in un'epoca di accanimento terapeutico, di eutanasia, di "diritto" alla dolce morte; le parole di Gesù devono porsi nel giusto modo dentro tutto il discorso che presenta; il bene della propria vita si dona, accogliendo anche la morte, nel progetto d'amore del Padre per sé e per i suoi discepoli; sarà questo anche il senso della vita e della morte degli apostoli, dono della pasqua del Signore, quando, ripieni dello Spirito Santo, saranno in grado di donare le proprie esistenze nel nome di Gesù.

Inoltre Gesù evidenzia che il suo andare non solo è un bene per i discepoli ma è una necessità. *Perché, se non parto, non verrà a voi il Paraclito.* Il Paraclito, lo Spirito di verità, è connesso all'assenza di Gesù: *Se me ne vado, lo manderò a voi.*

Più che pensare a un'incompatibilità, bisogna pensare a una consequenzialità: la vita di Gesù, la sua venuta nel mondo, la sua incarnazione, ponendosi nel tempo e nello spazio ha necessario bisogno di un inizio e di una fine, diversamente non sarebbe tale. Proprio questa "umana" realtà richiama la necessità di continuare la stessa missione di Gesù, che è stato e rimane il Paraclito per i suoi discepoli (cfr 1Gv 2,1): è questa, dopo la sua pasqua, la missione dello Spirito consolatore.

Il Paraclito dunque continuerà, come già altre volte Gesù ha detto, l'opera di Gesù stesso, e la compirà nella misteriosa azione che si pone nel cuore di ciascun uomo di buona volontà; in questa prospettiva prende corpo la necessità della partenza di Gesù, o meglio la consapevolezza di una sua nuova presenza che rivela la singolarità di ogni aspetto delle persone divine.

Inoltre queste frasi evidenziano che il Paraclito è inviato da Gesù. Se altrove si dice che è il Padre, per mezzo di Gesù, a inviare lo Spirito, qui si dice che è Gesù che lo invierà: *Lo manderò a voi.* Questa distinzione, che diviene arricchente e che anzi, a mio parere, ancora meglio ci presenta questa continuità, più che provocare scandalo e divisione deve poterci fare riconoscenti dell'operato di Dio che, tramite il suo Figlio, si pone nel mondo nel prosieguo della sua missione di salvezza.

Dietro questa missione ci siamo noi. Ogni cristiano, investito della presenza operante del Consolatore, chiamato a proseguire l'opera di Gesù nel mondo, ritrovandosi ricolmo della forza del Consolatore, si pone dentro l'animo del credente e ne diviene consigliere, suggeritore, presenza che spinge verso il bene.

Come nella vita terrena di Gesù la presenza dello Spirito ha accompagnato la sua missione, adesso, dopo la sua morte e risurrezione, la continua nel cuore dei fedeli; spetta a noi far rifiorire la presenza di Dio nel mondo tramite la fede nell'operato dello Spirito nel cuore dell'uomo e la forza di quei tanti punti in comune che, come uomini di buona volontà, ritroveremo dentro di noi e dentro il cuore del fratello che incontriamo.

E quando egli verrà, confuterà il mondo in fatto di peccato, di giustizia e di giudizio. In fatto di peccato, perché non credono in me; in fatto di giustizia, perché vado al Padre e non mi vedrete più; in fatto di giudizio, perché il principe di questo mondo è già giudicato.

Giovanni 16,8-11

Il Paraclito che è inviato tramite il Figlio, che è dono del Padre per noi, si pone nel mondo con quella missione di continuità dell'opera del Figlio di Dio; tale missione, tra l'altro, viene ricordata da Gesù stesso in questo discorso d'addio ai suoi discepoli.

*Quando egli verrà, confuterà il mondo in fatto di peccato, di giustizia e di giudizio.* Peccato, giustizia e giudizio non sono termini astratti ma si pongono, nella concretezza dell'esperienza umana, come frutto di un atteggiamento che può specificarli tutti e tre, come si evince da ciò che Gesù dice subito dopo presentandoli. Mi riferisco all'atteggiamento di incredulità, alla mancanza di fede, all'ostinato rifiuto, all'incapacità di riconoscere l'evidenza. Se prestiamo attenzione, una delle preoccupazioni di Gesù è proprio quella della fede; arriverà a dire con espressioni paradossali ma pur sempre provocatorie: *Il Figlio dell'uomo, quando verrà, troverà la fede sulla terra?* (Lc 18,8). L'opera del maligno, infatti, al di là delle sue subdole manifestazioni e dei suoi inganni, ha una sola preoccupazione: allontanare l'uomo da Dio, cosa che si realizza tramite la mancanza di fede.

Il *confutare il mondo* diviene l'impegno del Paraclito a controbattere l'opera della divisione che scardina la comunione che deve vigere in terra alla luce dell'armonia che è in Dio. Lo Spirito che agisce nell'intimo dei cuori porrà ogni cosa in evidenza e, nel tentativo di salvare l'errante, darà la possibilità di cogliere l'errore nella propria coscienza.

La venuta – *quando verrà* – l'invio, la presenza, dunque, del Consolatore si spiega con questa triplice accezione nell'ostacolare l'opera del male:

*In fatto di peccato, perché non credono in me.* Come si diceva, la mancanza di fede è, e rimane, il più grande peccato dell'uomo; lo Spirito, in ciò, diviene il principale garante di una fede che, in quanto tale, deve maturare nell'esperienza del credente. Non possiamo confidare nelle "fedi asettiche" o peggio "astoriche"; la fede è sempre incarnata e dunque la risposta di fede deve ritrovarsi, nel tempo della nostra vita, come quella risposta che dobbiamo sempre, continuamente, dare, ridare, e a cui bisogna riandare.

*In fatto di giustizia, perché vado al Padre e non mi vedrete più.* Lo Spirito rivela le falsità perpetrate dal padre della menzogna: in questo particolare caso siamo dinanzi all'ingiustizia più grande che è stata quella di architettare un processo-farsa contro Gesù. Alla sua dipartita – *vado al Padre e non mi vedrete più* – è lasciato allo Spirito il compito di porsi come luce che illumina la cecità degli uomini che scambiano la legge, anche quella divina, per un pedissequo insieme di precetti che, senz'anima, diventano aculei infuocati che scarnificano la verità.

Nello Spirito possiamo essere consapevoli della gravità della morte inflitta al Signore; il grido di Pietro il giorno di Pentecoste – *Voi l'avete crocifisso, voi l'avete ucciso* (At 2,22) – pervade la coscienza di ogni ingiustizia: la miopia, voluta e architettata, della legge usata per i propri fini, ieri come oggi sa farsi garante dell'opera del diavolo.

*In fatto di giudizio, perché il principe di questo mondo è già giudicato.* Il Paraclito, il difensore dei credenti, lo Spirito di verità, pone, nel tempo della Storia, la condanna del *principe di questo mondo*, fa conoscere questa condanna, la ricorda, l'attualizza, ponendosi nella prospettiva del compimento, del giudizio degli ultimi tempi. Se la pasqua di Cristo ha già decretato la sconfitta del maligno, spetta a noi, alla comunità dei credenti, agli uomini di buona volontà, porsi nel prosieguo di questa lotta nella certezza della vittoria completa e definitiva. Bisogna ribadirlo: il maligno non avrà l'ultima parola; la semplicità dei cuori dei tanti credenti e l'umiltà della loro risposta di fede sono la più chiara attestazione dell'operato dello Spirito che dice al mondo che Gesù impera!

Queste frasi di Gesù, dunque, pongono in continuità la sua opera con quella dello Spirito, il rapporto tra Padre e Figlio continua nei "figli", grazie appunto a quest'opera di confutazione; a noi il compito di carpirne il messaggio, di porci in sintonia con i suoi dettami, di trovarci docili ai suoi suggerimenti, di crescere nella sua azione di verità e salvezza, di cogliere il suo operato in vista della salvezza eterna.

Ancora molte cose ho da dirvi, ma per il momento non le potete portare. Quando però verrà lo Spirito di verità, egli vi guiderà alla verità tutta intera. Non parlerà infatti da se stesso, ma dirà tutto ciò che avrà udito e vi annunzierà le cose venture. Egli mi glorificherà, perché prenderà da me e ve lo annuncerà. Tutto quanto il Padre possiede è mio. Per questo vi ho detto che prenderà da me e lo annuncerà a voi.

GIOVANNI 16,12-15

Il peso delle parole del Signore ha bisogno di spalle poderose che si facciano carico della novità, che nella Storia richiede attenzione e discernimento, che la sua stessa Parola provoca e crea nell'animo del fedele. Le espressioni di Gesù sono comunque colme della speranza che si attua nel tempo della Chiesa, nel tempo cioè di quella comunità cristiana guidata e animata dallo Spirito di verità che è, e rimane, l'unico garante di una parola che si traduce in volere divino, di una parola che si fa carne e storia nelle vicende dell'uomo.

Sarà infatti *lo Spirito di verità* che guiderà noi *alla verità tutta intera*. Direi, come un paradosso che continua nel tempo, che non basta credere a queste parole ma bisogna sperimentarle, viverle, testimoniarle. Quante volte, nella vita di fede dei credenti, ci accorgiamo che lo Spirito di Dio non solo ci guida ma ci svela, sempre più e meglio, quel volere del Signore che molte volte ci sembra lontano, incomprensibile, impensabile. E ciò si verifica nella duplice forma di un ascolto della Parola che ci svela le profondità del suo significato e, ugualmente, di una sua attualizzazione che ci proietta sempre più verso il futuro di un compimento della Storia che passa inevitabilmente anche attraverso il tempo, il nostro tempo: *Dirà tutto ciò che avrà udito e vi annunzierà le cose future.*

La missione dello Spirito ci viene presentata da Gesù con espressioni altamente significative e audaci: *Egli mi glorificherà.*

Cosa significa che lo Spirito glorificherà Gesù? Nell'evangelo di Giovanni si dice espressamente che il Padre glorifica il Figlio (cfr Gv 13,32), qui invece si dice che è lo Spirito che glorifica Gesù. Il dar gloria al Figlio significa che in lui si realizza il progetto del Padre, che si porta a compimento quella storia di salvezza che l'incarnazione ha accolto come culmine della stessa storia dell'umanità. In questa gioia e in questo compimento non possiamo che trovare tutte le persone divine coinvolte: nel caso del Padre, questi ne è coinvolto nell'obbedienza del proprio Figlio che aderisce e concretizza il progetto d'amore del Padre per l'umanità, accogliendo la croce e salendo al Calvario per offrirsi in sacrificio soave, gradito e rigenerante; nel caso dello Spirito, Gesù stesso specifica il significato del suo glorificarlo dicendo: *Perché prenderà da me e ve lo annunzierà.*

L'impegno di glorificazione di Gesù che lo Spirito attua riguarda dunque la sua opera *ad extra*, riguarda la nostra testimonianza, frutto del suo annunzio, che ancorandosi nella Parola stessa di Gesù ci verrà donata per, con, la nostra vita, tramite l'operare dello Spirito in noi.

Tutto è di Dio, tutto è del Figlio, tutto è nello Spirito per noi.

Siamo in un arduo cammino di risposta che richiede in primo luogo la consapevolezza del dono e, successivamente, l'umiltà di un'accoglienza che può fruttificare nella logica dell'Evangelo, cioè nella logica del chicco di grano che muore per poter portare frutto (cfr Gv 12,24); la testimonianza diventa efficace annunzio e l'annunzio diventa vita vissuta.

«Un poco e non mi vedrete più: e poi un poco ancora, e mi vedrete».
Allora alcuni dei suoi discepoli dissero fra loro: «Che è mai questo che
ci dice: "Un poco e non mi vedrete e poi un poco ancora e mi vedrete"?
E: "Io me ne vado al Padre"?». Dicevano dunque: «Che è mai questo
"un poco" di cui parla? Non comprendiamo che cosa voglia dire».
Gesù capì che volevano interrogarlo e disse loro: «V'interrogate fra di
voi riguardo a ciò che vi ho detto: Un poco e non mi vedrete e poi
ancora un poco e mi vedrete?».

GIOVANNI 16,16-19

Sono rimaste nel panorama delle frasi celebri del Vangelo le parole di Gesù sul "poco": *Un poco e non mi vedrete più: e poi un poco ancora e mi vedrete.* Espressioni che inevitabilmente, come testimoniano questi versetti, creano sconcerto, curiosità, dubbio, incertezza, incomprensione. Ugualmente, come vedremo nel prosieguo, saranno lo spunto per ulteriori espressioni dello stesso Gesù che arricchiscono la sua rivelazione e dunque la nostra conoscenza di lui e di ciò che sta per vivere: la sua pasqua di morte e risurrezione.

All'immediato riferimento al "poco" che disorienta gli astanti, questi, ricordando un'espressione detta altrove dal Signore, riportano anche la frase: *Io me ne vado al Padre,* ancorando anche questa all'incomprensibilità delle parole del Maestro e all'incapacità dell'accoglienza da parte del discepolo.

È proprio questa incapacità alla comprensione – dei termini o meglio di ciò che si vuole rivelare – a nascondere un'incapacità ancora più profonda e, molte volte anche per noi, a denotare il rifiuto della logica della conversione, del cambiamento, dell'accoglienza della novità di una Parola che ci svela qualcosa di nuovo, di impensato, forse di inaudito.

Ben sappiamo invece che l'ascolto della Parola del Signore ha bisogno di questa ermeneutica, cioè di quella capacità di stupore, di meraviglia, di novità che essa richiede sempre e comunque, per poterci porre in sintonia con quell'operare dello Spirito che la stessa Parola porta in sé come ventre gravido di donna che attende di dare alla luce ciò che ha gestato.

*Non comprendiamo che cosa voglia dire.* Quante volte dinanzi a ciò che la Parola di Dio ci annunzia arriviamo alla stessa sconsolante affermazione, la quale, in fin dei conti, rivela un'unica mancanza: quella della fede nella Parola e dunque in Gesù; una fede che ci faccia rischiare di comprendere anche ciò che ai nostri occhi rimane incomprensibile; una fede che ci sfidi ad andare oltre l'umana comprensione per poterci affidare con gioia a ciò che lo stesso Signore ci richiede e che è sempre bene, bello, buono per la nostra vita.

In questo vortice di incomprensione chi invece capisce – *capì che volevano interrogarlo* – è proprio lui, Gesù, il Maestro e Signore. Si potrebbe dire che non poteva essere diversamente, ma significativamente questa "comprensione" si pone nella logica divina, cioè di colui che scruta i cuori, che comprende non perché vi sono espressioni da intendere nella lingua nativa, bensì perché vi sono cuori – la sede e la presenza di tutta la persona – che hanno bisogno di luce, di verità, di accoglienza.

Il testo dice: *Vi interrogate fra di voi riguardo a ciò che vi ho detto.* A riprova del fatto che si presenta un'intuizione colta nel profondo, nelle stesse profondità del pensiero, che rivela invece quel rifiuto di cui dicevamo e che diverrà riprova del respingere lo stesso Figlio di Dio in chi – ahimè – non ne accoglie la Parola/presenza.

Impariamo dagli umili di cuore, impariamo dai semplici e piccoli del Vangelo, dai discepoli del Maestro – poveri, peccatori, convertiti, ascoltatori della sua Parola. Impariamo a rinnovarci nella nostra fede attuando ciò che lo Spirito ci suggerisce, ciò che la divina Parola ci annunzia, ciò che la Chiesa ci insegna, ciò che il fratello, interpellandoci con amore, ci chiede.

In verità, in verità vi dico: voi piangerete e gemerete, ma il mondo si rallegrerà. Voi vi rattristerete, ma la vostra tristezza si cambierà in gioia. La donna, quando partorisce, ha tristezza, perché è venuta la sua ora. Ma quando ha partorito il bambino, non si ricorda più della sofferenza, per la gioia che è nato un uomo al mondo. Anche voi ora avete tristezza, ma vi vedrò di nuovo, il vostro cuore si rallegrerà e la vostra gioia nessuno ve la può rapire.

GIOVANNI 16,20-22

La risposta di Gesù alla difficoltà dei discepoli a comprendere le sue espressioni diviene eloquente attestazione del fatto che questi, i discepoli, sono in preda alla paura di perdere definitivamente il Maestro. Vi sono una valenza esistenziale e una valenza teologica da cogliere nelle parole del Signore.

Da una parte la reazione del mondo alla sua dipartita, al suo andare, cioè al suo morire: il mondo *si rallegrerà* per questo. Dall'altra, invece, la reazione dei discepoli stessi che viene presentata con diversi atteggiamenti: *Piangerete e gemerete... Vi rattristerete*. Atteggiamenti di sconforto che tuttavia, con sorprendente certezza, si legano alle affermazioni che riguardano il futuro e che ricordano al credente in Cristo che la croce, la morte, il baratro del Golgota non sono l'ultima parola né di Dio sul Figlio né di Gesù sul discepolo: *La vostra tristezza si cambierà in gioia.*

Si pone in questi frangenti di sconforto e di confusione il famoso riferimento, tratto dall'esperienza umana, alla donna che partorisce, che diviene la riprova dell'amore di Gesù verso i suoi. Egli cerca in tutti i modi di confortarli dinanzi alla sconfitta di una dipartita che diviene necessaria perché, come lui stesso aveva precedentemente detto, si possa instaurare nel mondo il suo Spirito di consolazione, paraclito e santo. L'episodio, inoltre, porta in sé un'espressione simbolicamente cara a Giovanni – *perché è venuta la sua ora* – che ricorda a se stesso e agli astanti che l'ora della Storia si compie nella notte del tradimento, della condanna e della crocifissione, e che la morte di Cristo diviene il compimento di ogni tempo che attende la gioia della risurrezione: *La gioia che è nato un uomo*, un uomo nuovo.

L'esempio, che attira immediatamente l'attenzione e diviene rivelatore del senso delle stesse parole di Gesù, si traduce inoltre in un ribadire che ciò che dice Gesù riguarda proprio i discepoli, ciò che vivranno, ciò che li attende e ciò a cui devono credere e sapersi affidare.

La reiterata specificazione da parte di Gesù ai suoi diviene occasione per arricchire, come cerchi concentrici che si espandono (secondo lo stile dell'autore), il senso delle parole stesse di Gesù, divenendo anche per noi eloquentemente rivelatrice di un dopo che ci appartiene, cioè di un tempo che è quella della Chiesa, in cui noi stessi viviamo ancora oggi la nostra esperienza col Signore Gesù.

*Vi vedrò di nuovo*. Ecco la rassicurante espressione che dovrebbe consolare l'animo di coloro che ne piangono la dipartita. Gesù rassicura i suoi non solo sul fatto che il suo andare sarà necessario e si tradurrà in un futuro di gioia, ma anche che avranno ancora occasione di vederlo. Se possiamo connettere queste parole con la profezia degli incontri del Risorto con i suoi, reiterati volutamente dal Maestro, vogliamo cogliere in essi, per noi, le parole che faranno da corollario a quelle "apparizioni", le quali ricordano, a noi che non abbiamo avuto il dono di vedere con i nostri occhi l'umanità di Gesù, che saremo ugualmente beati perché, pur non avendo visto, crediamo: *Beati coloro che hanno creduto senza vedere* (Gv 20,29; cfr 1Pt 1,8-9).

Ma, come se questo non bastasse, Gesù si spinge oltre ribadendo un futuro di gioia che è la Chiesa e dunque la nostra vita di fede: *Il vostro cuore si rallegrerà e la vostra gioia nessuno ve la può rapire*.

Quante volte ci troviamo dinanzi a cristiani che hanno smarrito il senso della gioia che, alla luce del messaggio evangelico, dovrebbe essere il risultato della stessa esperienza del Signore Gesù fatta dentro di noi. Al termine della sua vita, come già aveva ribadito (cfr Gv 15,11), Gesù ricorda a tutti noi che nessuno potrà mai toglierci la gioia della sua presenza, che la fede ci attesta e l'agape ci fa sperimentare. La risurrezione diviene riprova di questa presenza. Il cuore umano, colmo di gioia per questo evento che ha cambiato le sorti dell'umanità, non può che porsi, nel quotidiano, in questa sintonia che è presenza d'amore.

Abbiamo bisogno di testimoni della gioia, di cristiani sullo stile di Filippo Neri che vivano la propria fede col sorriso sulle labbra e con la semplicità di Francesco d'Assisi, il quale ci ricorda:

Dove è carità e sapienza,
ivi non è timore né ignoranza.
Dove è pazienza ed umiltà,
ivi non è ira né turbamento.
Dove è povertà con letizia,
ivi non è cupidigia né avarizia.
Dove è quiete e meditazione,
ivi non è affanno né dissipazione.
Dove è il timore del Signore a custodire la casa,
ivi il nemico non può trovare via di entrata.
Dove è misericordia e discrezione,
ivi non è superfluità né durezza.[5]

C'è bisogno di un impegno che veicoli una fede che non si fermi alla croce ma che porti già nella Storia quei frutti della vita risorta che ci appartengono: la testimonianza della gioia può divenire la riprova più chiara di un cristianesimo che sia tale oppure la sconfitta più eloquente di una fede incapace di vivere nella gioia, nonostante tutto.

[5] *Ammonizione* XXVII.

In quel giorno non mi domanderete più nulla. In verità, in verità vi
dico: qualsiasi cosa chiediate al Padre nel nome mio, egli ve la darà.
Finora non avete chiesto nulla nel mio nome. Chiedete e otterrete, in
modo che la vostra gioia sia completa.

Giovanni 16,23-24

La gioia che l'evento della risurrezione genera nel nostro
cuore ha in sé un cammino, potremmo dire un itinerario
storico da compiere. Gesù per questo parla di una gioia
completa: *In modo che la vostra gioia sia completa.*

Affinché la gioia sia completa è necessario porsi dinanzi
al Signore della Storia e chiedere e ottenere, nella fede, ciò
che è necessario per arrivarvi. Il ritrovarsi nel segreto di un
Padre provvidente, ci viene rivelato da Gesù, ha bisogno
della sua intercessione: *Finora non avete chiesto nulla nel mio
nome.* Abbiamo bisogno di fare la nostra supplica al Signore
della Storia in Gesù, chiedendo in vece sua. Questo segreto,
come dicevo, si svela nella certezza dell'unica cosa necessaria: lo Spirito Santo. *Se voi, cattivi come siete, sapete dare cose
buone ai vostri figli, quanto più il Padre vostro celeste darà lo
Spirito Santo a quelli che glielo chiedono* (Lc 11,13).

Gesù ci attesta che tra lui e il Padre vi è una continuità
nell'operare e nel manifestarsi agli uomini; il Padre dà ogni
cosa nel suo nome: *Qualsiasi cosa!* Espressione che ha bisogno di ricordare a ciascuno di noi che non sono le cose ma-
teriali, o almeno non solo queste, ciò di cui la nostra vita ha
bisogno. L'invito ad accogliere il dono dei doni, lo Spirito
Santo, ci pone in sintonia con l'operare di Gesù nell'aver
compreso la necessità della comunione con lui, come sfida
che deterge ogni oscurità e dilemma.

Nello Spirito, grazie allo Spirito, nel ritrovarci donato il
suo Spirito, il Cristo ci attesta il suo amore, l'amore stesso
del Padre, ci ricorda che tutto è relativo e ciò che deve essere importante per la nostra vita è unicamente lui solo: il
Signore.

Se questo è vero ciò non svilisce per nulla l'impegno del cristiano nel mondo, anzi lo specifica, lo affina. Molte volte, dinanzi alla delega e al disfattismo, il sapere che la Storia è guidata dalla presenza operante dello Spirito nel cuore degli uomini diviene, per il credente in Cristo, quella forza interiore che ci fa impegnare in prima persona per la giustizia, la pace, la riconciliazione.

*In quel giorno non mi domanderete più nulla.* Questa espressione ci ricorda come non vi sia bisogno di supplica in chi condisce la propria vita di lode e di gratitudine; non abbiamo bisogno di spiegazioni, umane e legittime, dinanzi alla fede salda e audace che, seppur nell'intelligenza necessaria, diviene la risposta a ogni possibile domanda dell'uomo che vive.

L'avvicinarsi della dipartita dal mondo fa sì che Gesù, aprendo il suo cuore ai discepoli, ricordi a tutti noi ciò che è necessario nella nostra vita, per non smarrirci dietro a effimere domande e risposte di rito. La forza dello Spirito accompagni il nostro cammino, la certezza del suo spirare interiore ci faccia godere della sua presenza raccogliendo quell'eredità, se così posso dire, che ci vede di Cristo e dunque cristiani grazie al nostro sentire, vivere, decidere come lui ha vissuto (cfr Fil 2,5; 1Gv 2,6).

Questo vi ho detto in similitudini. Un'ora viene in cui non vi parlerò più in similitudini, ma vi annunzierò apertamente quanto riguarda il Padre mio. In quel giorno chiederete nel mio nome e non vi dico che io pregherò il Padre per voi: il Padre stesso infatti vi ama, poiché voi mi avete amato e avete creduto che sono uscito da Dio. Sono uscito dal Padre e sono venuto nel mondo. Ora lascio il mondo e vado al Padre.

GIOVANNI 16,25-28

La similitudine, come recita qualsiasi vocabolario della lingua italiana, è una figura retorica che consiste nell'instaurare un paragone, un rapporto di somiglianza fra due cose e concetti; paragone, somiglianza, retorica che rivelano una verità da scoprire, un messaggio da scorgere, una indicazione da adottare. Se Gesù, nel suo parlare, ha usato spesso questo metodo, adesso sente il bisogno di rassicurare i suoi ricordando che verrà un momento in cui la verità prenderà il posto delle similitudini.

*Un'ora viene in cui non vi parlerò più in similitudine, ma vi annunzierò apertamente quanto riguarda il Padre mio.* La verità riguarda il Padre, lo scoprire il nesso vitale e consequenziale col Figlio e dunque con i figli, noi discepoli di Gesù.

Alla luce di ciò che aveva detto in precedenza, lo stesso rivolgersi nella preghiera al Cristo per comprendere ciò che vuole il Padre – *in quel giorno chiederete nel mio nome* – non sarà necessario perché lo stesso Padre riconoscerà chi lo ama, perché ha amato Gesù: *Il Padre stesso infatti vi ama, poiché voi mi avete amato e avete creduto che sono uscito da Dio.*

La fede e l'amore divengono i riferimenti obbligati per porre in sinergia il Padre, il Figlio, i discepoli. Il Padre ama gli uomini perché questi hanno amato il Figlio; questo amore si è attuato, nella vita dei discepoli, grazie alla fede – fede: accoglienza, ascolto, obbedienza – che essi hanno manifestato in Gesù, riconoscendo in lui l'inviato del Padre, il salvatore del mondo, il messia atteso.

Tutto ciò si pone nel tempo della rivelazione e del compimento della Storia: arriva l'*ora* attesa e decisiva, si attua il *giorno* che tutti i profeti e i giusti hanno desiderato vedere (cfr Mt 13,17). Queste accezioni temporali si coniugano con altrettante espressioni di tempo e di spazio: *Sono uscito... sono venuto... ora lascio... vado.* Nella piena sovranità il progetto si compie, il cerchio si chiude. Come Cristo è stato inviato dal Padre nel mondo, così adesso lascia il mondo e ritorna al Padre. Ma ciò si compie avendo per soggetto lui stesso: Io *sono uscito dal Padre... Io lascio il mondo e vado al Padre.* In Gesù vi è la piena consapevolezza della sua missione, della sua "ora" che compie la Storia; tale consapevolezza diviene rivelazione per coloro che hanno creduto in lui e che hanno accolto in lui il volto d'amore del Padre.

Il riferimento temporale, il riferimento all'ora, si apre anche a oltre il tempo: *Un'ora viene*. Dobbiamo vedere in quest'ora che viene, oltre a quella della pasqua, l'ora della Chiesa, l'ora del tempo in cui ogni discepolo vive la sua esperienza di fede e si sperimenta amato dal Padre. Ecco che le parole del Signore divengono profezia della sua presenza, della sua assenza, della sua e della nostra sorte.

Gesù è venuto nel mondo. Gesù ritorna al Padre dopo aver portato a termine la sua missione – *tutto è compiuto* (Gv 19,30) –, torna in quella comunione col Padre che ora è anche della sua umanità redenta col Padre. In ciò raccogliamo, come frutto della sua stessa vita, e accogliamo, come attestazione della nostra fede, la sua e la nostra sorte.

Come Gesù siede alla destra del Padre e il suo corpo glorioso diviene l'annuncio della sorte dell'umanità intera, redenta dal suo sangue, la fede del cristiano si rende conto, nell'amore che sperimenta del Padre, che la sorte di Gesù sarà la sua stessa sorte; non per nulla la Chiesa, corpo di Cristo, attende di unirsi al suo capo e le sue membra, vitalmente unite a lui, diventano la sua stessa umanità sulla terra in attesa di ricomporsi nel cielo.

Si intrecciano in questo compimento e in questa attesa la preghiera e la forza dirompente dell'amore come espressione della propria fede e attestazione della stessa esperienza che si può vantare di Gesù, del Figlio e del Padre Dio. Chi prega, ama e crede, si pone sulla scia del Maestro e attende, con fiducia, la sua stessa sorte.

Dicono i suoi discepoli: «Ecco che ora parli apertamente e non usi nessuna figura. Ora sappiamo che conosci tutto e non hai bisogno che ti si interroghi. Per questo crediamo che sia uscito da Dio». Rispose loro Gesù: «Voi adesso credete? Ecco che viene l'ora, ed è venuta, che sarete dispersi ciascuno per conto suo e mi lascerete solo. Ma io non sono solo, perché il Padre è con me. Questo vi ho detto perché abbiate pace in me. In questo mondo avete da soffrire, ma abbiate coraggio: io ho vinto il mondo».

GIOVANNI 16,29-33

*Voi adesso credete?* La sicurezza della fede dei discepoli si scontra con la sicurezza di Gesù nel non riconoscere in loro la fede. Quanto è difficile credere, quanto è difficile convertirsi alla verità di Dio e credere alla sua verità e non a quella che ci siamo costruiti noi o che ci propinano le situazioni e il mondo secondo tanti luoghi comuni.

*Mi lascerete solo.* Chi crede nel Figlio dell'uomo si pone alla sua sequela, cioè percorre la sua stessa strada/sorte, non lo abbandona nel momento del bisogno, del buio e dello sconforto, del tradimento e della paura. Questo invece è successo a Gesù. I discepoli, che presumono di credere, lo lasceranno solo, fuggiranno al momento dell'arresto e della notte delle tenebre, come l'Evangelo ci presenta il culmine dell'impero di Satana (cfr Gv 13,27.30; Lc 22,53; Col 1,13). *Viene l'ora, ed è venuta che sarete dispersi.* Nella profezia di Gesù un ultimo chiaro richiamo al cuore di coloro che gli erano stati vicino per anni, ma ugualmente la percezione che l'ora ha bisogno del *suo* sacrificio, della *sua* passione, della *sua* morte, per configurarsi nella volontà del Padre.

Ed ecco che Gesù si ritrova ancora una volta a tu per tu con l'unico che non lo abbandonerà mai: *Io non sono solo, il Padre è con me.* Consolante realtà che non altera minimamente la sorte del dolore che viene vissuto "insieme" col Padre, nel suo volere, nella sua scelta, che è volere, scelta d'amore. Il fatto che Gesù si ritrovi a vivere la sua passione "insieme" al Padre ne rivela il senso storico salvifico, cioè pone il tempo della passione, morte e risurrezione nell'ambito del "memoriale" che, una volta compiutosi, si perpetua nella Chiesa tramite lo Spirito Santo.

Gesù abbandonato dai suoi, Gesù unito nella passione, come in tutta la sua vita, col Padre. Ma come se questo ancora una volta non bastasse, le ultime parole di questa rivelazione si pongono dinanzi ai discepoli per portare luce alla storia che dovranno affrontare, alla storia della Chiesa e dell'umanità.

*Questo vi ho detto perché abbiate pace in me.* In Gesù, unito al Padre, la pace; *in me*, dice Gesù. La vera pace non si ritrova se non nella comunione con Gesù stesso che, come affermerà l'apostolo Paolo, *è la nostra pace* (Ef 2,14). Non c'è una pace "umana", non esiste una pace frutto di compromesso e di risvolti di ingiustizia e di interesse: la pace è Cristo! La pace si ritrova nell'umiltà di dire sì a lui e nella certezza che chi crede in lui non sarà mai solo.

*Io ho vinto il mondo!* Questa espressione, così emblematica e famosa, ci ricorda che nonostante tutto il Cristo regnerà. Se nella visione giovannea il mondo è visto come presenza del male, ricettacolo di ogni rifiuto di Dio, la vittoria del mondo da parte di Gesù diviene il grido di speranza per ogni uomo di ogni tempo.

In questa professione di fede si pone la Chiesa, il credente in Cristo, che ha la certezza non solo di avere in Cristo colui che ha vinto il mondo, ma il *coraggio* della certezza che in Cristo anche lui potrà vincere ogni potenza avversa.

L'uomo di fede non potrà che imprimersi nel cuore, come testamento d'amore, queste espressioni del Maestro e Signore, al fine di porsi nel mondo con l'audacia di una vittoria certa contro ogni cosa che rifiuta Dio. L'assioma che la spiritualità cristiana ribadisce da sempre – la fede vince il mondo – diviene frutto di quell'esperienza concreta e reiterata che gli uomini di fede testimoniano al mondo, di questa reale possibilità. La storia della Chiesa è costantemente percorsa da miriadi di figure di santi che testimoniano, nell'amore per il Signore, la certezza di un Dio che, nonostante la cattiveria degli uomini, vince sempre ogni male.

I martiri della Storia uniti al Martire che non termina di soffrire in loro, diventano l'eloquente attestazione di un Dio presente e silente in cui trova fondamento la gioia dell'attesa della sua venuta che, in lui, ricapitolerà ogni cosa.

# Evangelo di Giovanni
## Capitolo 17

Così parlò Gesù e, levati gli occhi al cielo, disse: «Padre, l'ora è giunta. Glorifica il Figlio tuo affinché il Figlio glorifichi te. Tu gli hai dato potere su ogni carne, perché dia la vita eterna a tutti coloro che gli hai dato».

GIOVANNI 17,1-2

Ed eccoci all'ultima parte di questa sezione dell'Evangelo, al capitolo diciassettesimo, che da sempre nella Chiesa è stato considerato l'invocazione sacerdotale di Gesù il quale, con espressioni di estrema confidenza verso il Padre, ci rivela quella verità incontrovertibile che si pone nel mistero di Dio e degli uomini: che lui e il Padre sono una cosa sola, tanto che in Gesù l'uomo ha accesso a Dio e Dio si pone di fronte all'uomo in verità e con amore.

*Levati gli occhi al cielo*: proprio a indicare quasi l'estraniarsi dall'atmosfera della cena pasquale, ultima e decisiva, che sta vivendo con i suoi, e ugualmente a evidenziare quel rapporto unico col Padre che si fa preghiera, invocazione, supplica, riconoscenza d'amore del Figlio che sa che il momento che cambia la sua vita e la Storia è arrivato. Ma, analogamente, anche per indicare agli astanti la solennità del momento e la grande importanza del suo dire/pregare.

*Padre, l'ora è giunta.* Sì, quell'ora che segna come uno spartiacque un "prima" e un "dopo" nella storia della salvezza è giunta; nel segno del servizio d'amore, quest'ora anticipa già quello che sarà il gesto di offerta di Gesù sulla croce e ne rivela quel senso di mistero e di amore che ne è l'anima.

*Glorifica il Figlio tuo affinché il Figlio glorifichi te.* Già altrove (cfr Gv 12,27-28) Gesù stesso si poneva come il Glorificato dal Padre; adesso questa glorificazione si compie in modo visibile e tangibile.

Ma il paradosso cristiano è che la gloria di Gesù non consiste solo nella sua resurrezione, ma anche nella sua crocifissione. Questo l'evangelo di Giovanni lo evidenzia costantemente.

Nel racconto della Passione (cfr Gv 18-19) è Gesù il protagonista del dramma che egli stesso vive.

Lui decide il momento del suo arresto e le sue modalità, lui sa cosa dire e non dire ai cortigiani politici e religiosi che sono il tramite della sua morte infame sulla croce, lui sulla croce stessa volge il suo sguardo d'amore a sua madre e al discepolo amato sapendo che sotto il legno dello scandalo vi è la Chiesa nascente. Lui, al momento della morte, sa che ha adempiuto ogni cosa compiendo la storia della salvezza, e che nel donare il suo "spirito" – nello spirare – continua la sua opera nel mondo con altrettanta incisività tramite la Chiesa sua sposa.

Lui si porrà come eloquente segno di salvezza – sacramentale – nell'acqua e nel sangue che verserà dal costato trafitto. Lui, anche da morto, si abbandonerà nelle braccia dell'umanità rivelando l'umiltà di un Dio che, anche per giacere in un sepolcro, ha bisogno che altri glielo donino. Lui riposerà in quel giardino nuovo dove il nuovo giorno potrà annunciare il canto nuovo della sua risurrezione che è vita, che diviene retaggio di vita per ogni uomo. Tutto ciò lo annuncia alla donna che si pone dinanzi a lui con l'amore della passione invitta che la tenacia della fede deve avere; lo annunzia al discepolo amato nonostante le apparenze, nell'evidenza di una tomba vuota che ribadisce una Parola che si compie; lo annunzia a Pietro e ai Dodici, anche all'incredulo Tommaso, nella certezza di un evento che sconvolge la Storia, e la vita di ogni uomo in ogni tempo.

Il Padre dà al Figlio *il potere su ogni carne*, su ogni cosa vivente, il potere che si tradurrà nel dare la vita eterna a tutti coloro che gli ha dato, cioè a tutti gli uomini che sono inscindibilmente uniti a lui, essendo uomini come lui.

La vita eterna ci appartiene, la vita eterna è un dono immeritato, la vita eterna è la nostra sorte, la vita eterna dà senso alla vita terrena come il sale rende gustoso ogni cibo e come la luce illumina inevitabilmente il buio di ogni cuore.

Credo, Signore, aumenta la mia fede! Sgorga spontanea questa invocazione attendendo l'eredità dei beati: il godere della comunione con Dio, per l'eternità.

> Questa è la vita eterna: che conoscano te, l'unico vero Dio,
> e colui che hai mandato, Gesù Cristo.
>
> GIOVANNI 17,3

La vita eterna! Come un'inevitabile domanda che assilla chiunque, Gesù, nella sua supplica al Padre, più che chiedersi quasi in forma retorica che cosa sia la vita eterna, precede il possibile interrogativo dell'uomo e afferma: *Questa è la vita eterna: che conoscano te, l'unico vero Dio, e colui che hai mandato, Gesù Cristo.*

Dovrebbe essere questo il grido di ogni cristiano verso ogni fratello che professa un'altra fede: il vero Dio è lui, il Padre! La verità su Dio si ritrova in questa conoscenza duplice del Padre e di Gesù, l'inviato del Padre.

*Questa è la vita eterna: che conoscano te, l'unico vero Dio, e colui che hai mandato, Gesù Cristo.* Per un inconcludente rispetto umano si ha quasi paura di parlare del vero Dio. Si sono sostituiti i canti natalizi del Natale di Gesù con nenie di altre culture e paesi, asettiche e prudentemente non interpellanti la – presunta – suscettibilità degli altri; si vuole, e con quale diabolica tenacia, eliminare ogni segno religioso, crocifisso compreso, perché urterebbe la sensibilità di chi non crede. L'incapacità a testimoniare la verità ci porrà nel mondo come perdenti, uomini senza spina dorsale, incapaci di dire a noi stessi e agli altri chi siamo.

Purtroppo un insano e bieco populismo *new age*, propenso a troppo facili *mix* religiosi, vuole zittire la verità che da duemila anni vuole insediarsi nel cuore degli uomini per illuminare la loro verità e farli felici; la cultura dominante del laicismo esasperato e la società consumistica ostentano sensi pseudoreligiosi che cercano di mettere a tacere la verità. Inutilmente, come ben sappiamo e come duemila anni di cristianesimo testimoniano, ma è pur sempre drammatico rilevare questa insensata e inumana lotta contro Cristo e la sua Chiesa, che continua, specie in questi anni, con satanica determinazione e programmazione.

Ma la verità, che è Gesù stesso – *io sono la verità* – non potrà mai eclissarsi, scomparire, dimettersi, forse potrà essere estromessa dalla vita di chi decide di rifiutare Dio, ma la coscienza retta di ogni uomo non potrà che riconoscerla come consolante appello.

*Questa è la vita eterna: che conoscano te, l'unico vero Dio, e colui che hai mandato, Gesù Cristo.*

Tale affermazione di Gesù invece ci ricorda, proprio come un bisogno che abbiamo di sentircelo dire, che se l'uomo può andare dietro a falsi dei e smarrire la verità dell'unico Dio, questo deve essere un motivo in più affinché la testimonianza della fede, nel Padre e nel Figlio inviato dal Padre, sia la scommessa non solo della nostra esistenza ma la forza di una testimonianza che con quell'amore che dice sempre vittoria umana, sappia donare all'umanità la verità di Dio.

Non siamo più, ringraziando il Signore, nell'epoca della fede imposta, ma neppure possiamo accontentarci di una fede supposta; abbiamo bisogno di una continua verifica nella fede che significhi testimonianza vera, costante, verificabile – mi si permetta –, di un sì che cambia la vita.

*Conoscano te*! Il verbo "conoscere" nella Bibbia non ha un'accezione puramente o solamente intellettuale, come se per poter conoscere Dio bisognasse attardarsi alla scuola degli uomini; la conoscenza è esperienza salutare, nel nostro caso è esperienza filiale, di quel Dio di Gesù Cristo che, appunto, ci è venuto a rivelare il volto d'amore del Padre.

Fare esperienza di Dio – conoscerlo – e testimoniarlo al mondo, diviene l'anelito di una vita eterna che non solo ci appartiene ma che pregustiamo, desideriamo, cerchiamo e, in quanto tale, dono al tempo del nostro esistere di quella speranza del compimento che ci fa adulti nella fede e nell'amore.

La conoscenza/esperienza si pone nell'ambito del Cristo, della sua missione di salvezza e dunque della sua Parola. Più si ascolta la Parola del Signore, più si cresce in una familiarità con la Parola di Dio, più cresciamo in una conoscenza/esperienza che ci modella in vita e in morte.

Ecco il "segreto" della vita eterna, che ci caratterizza come cristiani. Molte volte dimentichiamo che l'evento della morte e risurrezione di Cristo, che è l'evento rivoluzionario della Storia, sarà anche l'evento rivoluzionario della nostra esistenza.

Anche noi siamo chiamati a fare la medesima esperienza e lo siamo nella misura in cui la nostra conoscenza del Padre ci fa pregustare già qui, in Gesù, questa speranza di cui attendiamo il compimento.

Non è forse vero che la speranza della vita eterna diviene la forza per una vita che, avendo un orizzonte ultraterreno, ci dà occhi e cuore ben diversi per affrontare le situazioni del nostro oggi?

Non è forse vero che la fede nella vita eterna, che ci appartiene, ci rende capaci di poter dire una parola ben diversa all'uomo morente e sofferente, sul disfacimento della natura umana che è chiamata appunto a una vita senza fine?

Non è forse vero che il dramma del tempo, vissuto come *kronos*, senza l'annunzio del *kairos* che ne ristabilisce il senso e la misura, diviene l'inconcludente esperienza del terreno rinchiuso in se stesso, dimenticando che l'essere immagine e somiglianza di Dio ci chiama alla vita eterna con lui, ci chiama a concretare l'*escaton* come nostra vocazione/sorte?

Che il Signore ci dia sempre più forza e *parresia*/franchezza nel testimoniare la nostra fede, nell'attesa della beata speranza che la vita eterna ci farà ereditare nel compimento dell'incontro.

> Io ti ho glorificato sulla terra, compiendo l'opera che mi hai dato da fare. Ora, Padre, glorificami davanti a te, con la gloria che io avevo presso di te prima che il mondo fosse.
>
> Giovanni 17,4-5

Un prima e un dopo. La terra, sorte degli uomini e del Dio fattosi uomo, e il cielo, sorte di Dio e degli uomini chiamati alla comunione con Dio.

Gesù al termine della sua vita chiede al Padre quella *gloria che io* – dice – *avevo presso di te prima che il mondo fosse*. Siamo nella dimensione mistica di una vita che si è spesa nel volere del Padre e in questo spendersi ha dato gloria al Padre stesso: *Compiendo l'opera che mi hai dato da fare*.

L'intima preghiera di Gesù che ci viene donata come desiderio di farci conoscere il cuore del Maestro che dona tutto al discepolo, anche i suoi pensieri intimi, diviene motivo per noi di scoprire e capire ancora di più chi è Gesù.

*Glorificami davanti a te*. L'umanità potrà anche non capire, ci saranno quelli che si scandalizzeranno e non vorranno mai accogliere, ci sarà chi, nonostante tutto, non potrà mai accettare... Ma l'attesa della gloria di Gesù che si compirà sulla croce e lo aprirà alla vita risorta, diviene retaggio della rivelazione di un'identità, tra Padre e Figlio, che travalica il tempo e si pone nella stessa eternità, si pone in Dio stesso.

*La gloria che avevo presso di te prima che il mondo fosse*. Siamo nella dimensione della conoscenza di Dio in sé, della scoperta dell'identità che, grazie alla stessa assistenza dello

Spirito di Dio, farà la Chiesa capace di scoprire un Dio Trinità, un Dio Padre, Figlio e Spirito. Un Dio, permettetemi, tutto da scoprire, tutto da accogliere, tutto da credere.

*Ti ho glorificato sulla terra.* Un Dio che viene sulla terra e, in tale incarnazione, glorifica, riconosce la presenza di se stesso nel mondo, per la vita degli uomini, per la salvezza degli uomini. Dirà Gesù stesso: *Dio ha tanto amato il mondo, che ha dato il Figlio suo unigenito, affinché chiunque crede in lui non perisca, ma abbia la vita eterna. Dio non mandò il Figlio nel mondo per condannare il mondo, ma perché il mondo sia salvato per mezzo di lui* (Gv 3, 16-17).

Abbiamo bisogno di silenzio per aderire, con l'assenso della fede che è anche capacità di comprendere ciò a cui crediamo, a una parola che contemporaneamente ci svela e ci nasconde lo stesso Mistero di Dio. Un silenzio abitato, un silenzio gravido di attesa, un silenzio adorante, un silenzio che divenga, nello Spirito di Dio, carne umana e divina e spirito divino e umano.

La profondità di alcune espressioni di Gesù non può rinchiudersi in definizioni che si esauriscono nel significato stesso delle parole.

Il tempo, nello Spirito, come Gesù stesso aveva già detto ai suoi discepoli (cfr Gv 16,22), ci svelerà quel significato che oggi lo stesso Spirito vorrà donarci e che sappiamo essere ciò di cui oggi noi, la Chiesa, l'umanità, abbiamo bisogno.

Se vi è una presenza di Dio *prima che il mondo fosse*, vi è un Dio che è creatore del mondo stesso, che pone in essere il mondo stesso e, col mondo, l'uomo suo capolavoro. In Gesù, *prima che il mondo fosse*, noi eravamo in nuce, eravamo presenti, misteriosamente ma realmente, in una dimensione che balbettiamo ma che sappiamo certa e infinita e che un giorno, nel vivere nell'eternità, sapremo forse cogliere nella pienezza che lui vorrà donarci.

Ho manifestato il mio nome agli uomini che mi hai dato dal mondo. Erano tuoi e li hai dati a me, e hanno osservato la tua parola. Ora essi sanno che tutto quanto mi hai dato viene da te, perché le parole che tu mi hai dato io le ho date a loro ed essi le hanno accolte e sanno veramente che sono uscito da te e hanno creduto che tu mi hai mandato.

GIOVANNI 17,6-8

Non siamo spettatori di un rapporto tra Padre e Figlio che ci vede succubi di ciò che succederà. No! Il rapporto tra Gesù e il Padre suo si pone, direi necessariamente, nella vividezza di un rapporto tra Gesù stesso e coloro che ha scelto, che pone sì questi ultimi, i discepoli, in relazione col Maestro ma, in lui, in relazione anche col Padre.

Siamo dinanzi allo scambio d'amore tra Padre e Figlio; ciò che, nell'ambito della creazione, era *cosa molto buona* (Gen 1,31) è proprietà d'amore del Creatore che la dona al Figlio suo: *Erano tuoi e li hai dati a me*. Non solo: proprio perché espressione dell'*optimum* della creazione – creati a immagine e somiglianza del creatore medesimo (cfr Gen 1,26) – le creature, gli uomini e le donne, si pongono in un rapporto vitale col Creatore tramite l'obbedienza alla sua parola: *Hanno osservato la tua parola*.

Come il testo biblico ci rivela che la creazione stessa è posta in essere tramite il *Dabar* divino, tramite la parola creatrice dell'Onnipotente, che "dice" e "fa", "parla" e "crea", così gli uomini si pongono sulla stessa lunghezza d'onda facendo dell'osservanza di quella parola il senso della propria esistenza.

La conoscenza/esperienza di Dio che il Figlio rivela agli uomini è tutta incentrata su quest'accoglienza, obbedienza, osservanza della parola divina; essa diviene la garanzia di un rapporto tra Gesù e il Padre che si compie, e ugualmente di un rapporto tra i discepoli e Gesù che ha come fine la conoscenza del Padre.

*Essi sanno che tutto quanto mi hai dato viene da te*. Da dove deriva questo "sapere" che è esperienza diretta più che acquisizione intellettuale? *Perché le parole che tu mi hai dato io le ho date a loro ed essi le hanno accolte.*

Una continuità che diviene partecipazione, che diviene, direi nella logica divina, condivisione. Certezza di un Mistero che si fa vicino: *Sanno veramente che sono uscito da te.* Fede autentica nel Figlio di Dio che è venuto a salvarci, come missione che adempie nel nome del Padre: *Hanno creduto che tu mi hai mandato.*

Potremmo percepire in queste espressioni il canto della riconoscenza del creato verso la Parola che, se da una parte fa sussistere tutto (cfr Col 1,16-17), dall'altra svela la sorte dell'umanità e di tutto il cosmo. Una parola che non è elemento scritto su carta umana, non è espressione verbale detta, ascoltata e pensata. Prima di tutto ciò, è una parola vivente, sussistente, ipostatizzata, come con espressioni alquanto difficili la riflessione teologica ha inteso il *Verbum* che è Dio e s'incarna nella Storia; una parola che prima di ogni cosa si identifica con Dio stesso e, dopo ogni cosa, riconduce tutto a Dio stesso.

La Parola eterna, identificata con la Sapienza divina, diviene dispensatrice di quella vita che, tramite l'accoglienza, l'ascolto, la fede, dona vita: *Beato l'uomo che mi ascolta (...) chi trova me trova la vita e ottiene il favore del Signore* (Pr 8,34-35).

Abbiamo tutti bisogno di un ascolto continuo della Parola di Dio che divenga esperienza di Dio stesso, di Gesù che ci rivolge il suo insegnamento, dello Spirito che ci svela il volere dell'Altissimo. Se, da una parte, nella vita della Chiesa si è passati da una misconoscenza abissale di ciò che era Parola di Dio, oggi si potrebbe cadere nel pericolo, non meno deleterio, di un ascolto e di un incontro manipolato, interessato, integralista.

La comunità cristiana sia il grembo fecondo dove ciascun credente, ascoltando le divine parole, faccia quella esperienza di fede del Signore e nel Signore che, tramite la testimonianza d'amore dei fratelli, accompagni ogni credente a quella risposta di fede cosciente e libera che ne animi ogni azione di carità e ne traduca ogni impegno conseguente. Accogliamo le divine parole dalla mano della Chiesa che ci dà la certezza di una risposta che si traduce in fede autentica.

> Io prego per loro; non prego per il mondo, ma per coloro che tu mi hai dato, perché sono tuoi. Tutto ciò che è mio è tuo e quello che è tuo è mio, e io sono stato glorificato in loro.
>
> GIOVANNI 17,9-10

*Tutto ciò che è mio è tuo e quello che è tuo è mio.* Questa emblematica e famosa frase di Gesù, posta in questo contesto di rivelazione, ci fa comprendere ancora di più un rapporto, tra Gesù e il Padre, che, se incentrato sulla comunione, per noi diviene necessariamente rivelazione di quella verità che è un'unica cosa in Dio. In quel "tutto" ci siamo anche noi. Da una parte c'è Dio che dona tutto al Figlio suo unigenito e amato, dall'altra c'è il Figlio che donando se stesso al Padre pone ciascuno di noi in questa logica del dono che diviene lo spessore di una risposta di fede adulta e necessaria.

Il "tuo" e il "mio" non si pongono nella logica grammaticale del possessivo, bensì nella necessaria logica del dono reciproco che svela a noi il cammino da seguire per raggiungere la comunione stessa con Gesù, tra noi, e in Gesù col Padre.

La rivelazione del rapporto tra Padre e Figlio, si diceva, diviene ugualmente motivo per rivelare a noi lo spessore di un rapporto con Gesù che è il nostro. Qui Gesù arriva a dire che la sua stessa vita si è posta talmente in un'osmosi di comunione con i discepoli che la glorificazione della sua stessa persona si ritrova nei discepoli stessi: *Io sono stato glorificato in loro.*

Se la gloria del Cristo è il suo compiere nell'ora della Storia il progetto d'amore del Padre, quello cioè della salvezza dell'umanità nel sacrificio della croce, tutto ciò non deve far perdere di vista che in Gesù vi è tutta l'umanità. Assumendo la natura umana Gesù diviene infatti uno di noi, eccetto che per il peccato (cfr Eb 4,15), che non è da lui scelto ma assunto come motivo della sua stessa condanna (cfr 1Cor 1,15), rendendosene dunque ancor più partecipe in quelle conseguenze disastrose che dilaniano la sua stessa umanità. In questa assunzione troviamo ugualmente quella comunione, espressione di Dio stesso, che nell'incarnazione diviene dono per l'umanità: sia Dio che l'uomo trovano nella comunione il loro fine d'amore. La natura umana diviene allora motivazione della gloria e strumento stesso di gloria per il Figlio di Dio. Assumendo tale natura, porta in sé ogni retaggio che la creazione aveva posto: essere *immagine e somiglianza*, essere *cosa molto buona* (cfr Gen 1,26.31).

Queste espressioni di Gesù vengono precedute dalle parole, altrettanto belle: *Io prego per loro*. In un mondo e in un'esistenza colma di solitudine o, di contro, di frastuono che stordisce, il sentirsi pensati da Gesù stesso diviene motivo di speranza e certezza di verità.

Il Signore prega per noi, ci pone in un rapporto col Padre suo che è preghiera, cioè ricordo intimo, lode e adorazione, ma ugualmente supplica e richiesta di perdono, gioiosa accoglienza di una familiarità che ci pone in Dio. Questa preghiera è per noi, dice Gesù, non per il mondo, ribadendo il riferimento al mondo come entità ostile al progetto di salvezza che il Padre compie nel Figlio. Ma non solo Gesù prega per noi, ma prega per noi perché proveniamo da Dio e a lui ritorniamo: *Per coloro che tu mi hai dato, perché sono tuoi*.

Il motivo stesso della preghiera di Gesù per noi si pone sempre nella logica della comunione col Padre. Da lui pensati, da lui voluti, da lui salvati, da lui redenti in Gesù. Questa insistenza a essere suoi – *sono tuoi* – non può che essere la più verace testimonianza di una preghiera di Gesù che si fa accorata, continua, voluta, per il nostro bene, ma anche per l'adempimento del progetto di Dio di farci una cosa sola con lui.

Noi donati dal Padre a Gesù come eravamo – *eravamo peccatori* (Rm 5,8) –, noi ridonati da Gesù al Padre, salvati e redenti nel suo sangue (cfr Ap 1,5). La logica dell'amore ci coinvolge, ci travolge, ci modella con l'Amato!

> Io non sono più nel mondo, ma essi sono nel mondo, mentre io vengo a te. Padre santo, conservali nel tuo nome che mi hai dato, affinché siano uno come noi.
>
> GIOVANNI 17,11

*Padre santo*. La solennità del momento ricorda a Gesù e a noi stessi che Dio è il Santo. Lo Spirito è Santo. Gesù è il Santo di Dio. Il Padre è Santo. Dietro a questo termine, che accomuna le persone divine, vi è il senso della realtà di Dio stesso nel rapporto in sé e con noi.

Dio è Santo. La parola ebraica *qadoš*, come il suo corrispettivo greco *aghios*, esprimono da una parte la lontananza – "santo" potremmo quasi intenderlo come sinonimo di "puro", cioè di colui che non ha nulla a che vedere col profano, col terreno, col normale – dall'altro fanno invece riferimento alla vicinanza stessa di Dio che, proprio in quanto santo, vuole che anche le sue creature lo siano; Dio rivela la sua santità non per generare paura e terrore bensì per ricordare la sorte di beatitudine e di comunione con lui. Sorte che lui stesso ci dona e che noi, accogliendolo, ci impegniamo a vivere.

Gesù, in queste ultime espressioni prima della sua dipartita verso il cielo, chiama il Padre suo *Padre santo*. In questa specificazione possiamo ben evidenziare da una parte la distinzione che ne specifica la verità e dall'altra la continuità che ne evidenzia la comunione.

*Io vengo a te*. Gesù, avendo la piena consapevolezza del suo "ritorno" al Padre e del fatto che invece i suoi discepoli rimarranno ancora sulla terra – *io non sono più nel mondo, ma essi sono nel mondo* – rivolge al Padre una supplica accorata affinché li conservi con la sua santità: *Conservali nel tuo nome, che mi hai dato.*

Questa frase di Gesù è molto eloquente per farci scorgere quella continuità tra lui e noi in vista della piena comunione col Padre. Il nome donato dal Padre a Gesù, il nome di Salvatore – Dio salva (cfr Mt 1,21; Lc 1,31) – il nome di Emmanuele – Dio con noi (Mt 1,23) – il *Figlio dell'Altissimo* (Lc 1,32). In questo nome c'è la salvezza (cfr At 3,6; 4,12), esso ci svela Dio perché è Dio che salva (cfr Gv 1,18; 3,17).

Il "conservare" i discepoli, coloro che credono in lui, coloro che sono chiamati a stare con lui, che sono stati creati per lui, oltre che porli in un rapporto del tutto unico col Padre, li chiama alla responsabilità di accogliere il volere del Padre che in Gesù si fa carne, parola, gesto, vita.

L'accorata supplica del Maestro al Padre di custodire ciò che gli è caro – i suoi, i tuoi – ha una finalità ben precisa, dice Gesù: *Affinché siano uno come noi.*

L'essere uno si pone come impegno di sempre della Chiesa a compiere il volere di Gesù, impegno che ricorda come la comunione diverrà la testimonianza più eloquente della missione d'amore del Figlio di Dio. Tale comunione non è sforzo umano, non è impegno strategico, non è nemmeno semplice riconoscimento di quelle che, lungo la Storia, sono state le reiterate divisioni alla comunione. L'essere uno è dono di Dio. Un dono da impetrare con la preghiera, ponendosi nella sintonia della preghiera stessa di Gesù per noi, e nella logica del dono che specifica il senso stesso dell'essere una cosa sola in lui, nel Padre.

Tante volte si fa di questa invocazione, o di questa preghiera di Gesù, quasi una caricatura servendosi delle inconcludenze che gli uomini hanno creato nei confronti della comunione con Dio. Mi sovvengono sempre le belle espressioni che durante la celebrazione eucaristica, apice della comunione sacramentale e reale col Signore, la Chiesa recita al momento dei riti di comunione, quando per bocca del celebrante prega: «Non guardare ai nostri peccati ma alla fede della tua Chiesa e donale unità e pace secondo la tua volontà». Credo che non possiamo tralasciare proprio l'espressione «secondo la tua volontà», che va molto al di là delle nostre miserie e divisioni.

Anche se, come comunità cristiana, dobbiamo impegnarci costantemente per la piena e visibile comunione nella Chiesa, dobbiamo pur dire che essa, come dono di Dio, già diviene realtà da accogliere che dobbiamo tutti far fruttificare secondo la parte di ciascuno, nella certezza di fede della preghiera di Gesù. Quest'ultima non è e non è stata vana, nemmeno dinanzi alla vacuità degli uomini; la fede ci attesta che ogni parola di Gesù si compie: dunque il nostro impegno a costruire la comunione si traduca, in primo luogo, nel nostro porci in comunione col Signore Padre santo il quale, facendoci partecipi della sua santità, vuole che ognuno di noi sia santo come lui è santo (cfr Lv 19,2; Mt 5,48; Lc 6,36).

Quando ero con loro, io li ho conservati nel tuo nome che mi hai dato e li ho custoditi e nessuno di loro si è perduto, eccetto il figlio della perdizione, affinché si adempisse la Scrittura. Ora vengo a te e queste cose dico mentre sono nel mondo, affinché abbiano in loro la mia gioia in pienezza.

Giovanni 17,12-13

Come già fuori del tempo, le forme verbali che il Maestro rivolge nella sua supplica al Padre guardano al compimento della sua esistenza e si situano in un oggi che è quello di sempre, anche il nostro.

*Quando ero con loro... Ora vengo a te.* Vi è un'osmosi tra il vedersi sulla terra – *queste cose dico mentre sono nel mondo* – e il sapersi in comunione d'amore col Padre – *li ho conser-*

*vati nel tuo nome.* Gesù porta a termine la sua missione fiero – se così posso dire – non solo di averla compiuta ma di rivelarne il senso, che è poi il senso della Storia e il senso della vita.

Il porsi nel compimento diviene, con un attimo di attenzione al futuro, suo e dei suoi, momento di bilanci: *Li ho conservati... Li ho custoditi.* Consolanti espressioni che vogliamo che il Signore Gesù ci ripeta continuamente nella nostra storia, nel nostro quotidiano, dove spesso albergano sconforto e a volte disperazione.

Il Signore ci ha conservati *nel nome* di colui – il Padre – il quale nel suo amore ci aveva a lui consegnati. E Gesù stesso a sua volta si consegna per ciascuno di noi, affinché ognuno, nella storia di ogni tempo, possa ritrovarsi custodito dal suo amore.

Il fatto che proprio nell'amore di Gesù ci ritroviamo *conservati* e *custoditi* ha una finalità ben precisa che Gesù richiama ricordando che, proprio perché posti in tale rapporto con lui – custoditi e conservati – nessuno si è perduto.

Tuttavia le evenienze storiche che di lì a poco il Vangelo ci presenterà sembrano attestare il contrario; eppure la paura, l'afflizione, il disperdersi, l'incredulità, il rifiuto, lo stesso rinnegamento che vengono attestati dai discepoli nei frangenti della passione e morte del Maestro non sono retaggio di perdizione, perché lui, il Signore e Maestro – *e dite bene* (Gv 13,13) – li ha custoditi, li ha conservati.

Ma tale atteggiamento, supplica, preghiera, è e sarà di sempre. Dirà nello stesso contesto, con diretto riferimento a Pietro e dunque alla Chiesa, alla comunità cristiana confermata nella fede del primo degli Apostoli: *Satana vi ha cercato per vagliarvi come il grano; ma io ho pregato per te, perché la tua fede non venga meno. E tu, una volta convertito, conferma i tuoi fratelli* (Lc 22,31-32).

Satana infatti è sempre pronto a farci tradire – è il verbo che si oppone all'amore – il Maestro. Alla luce di ciò che già le

Scritture portavano in sé come grembo gravido che attesta la verità che si compie, l'unico che si è perduto è *il figlio della perdizione*, ad attestare non solo la sciagura eterna dell'Iscariota, ma la reale possibilità che ciò avvenga anche dopo di lui per coloro che tradiscono l'amore. Se Pietro è invitato alla conversione per confermare i propri fratelli nella fede, ciò ci ricorda che la stessa vita del credente, la nostra vita, è un continuo cammino di conversione che, illuminato e guidato dalla Parola del Signore, ci farà sempre optare per l'Altissimo.

Le parole di Gesù sono ugualmente attestazione dell'animo colmo di gratitudine per ogni discepolo che, accogliendo lui, accoglie l'amore ed è chiamato a vivere nell'amore. La gioia ne sarà una riprova da verificare costantemente.

*Affinché abbiano in loro la mia gioia in pienezza*. Con lo sguardo al compimento, come dicevamo, Gesù condivide la gioia di essere stato fedele alla sua missione, cioè di aver vissuto nella piena comunione col Padre, e questa gioia non è effimera e momentanea ma ci viene donata in lui e ci chiama a una pienezza di gioia che ci appartiene.

La risposta di fede del credente in Gesù, pur passando per la logica della croce, porta in sé una gioia incontenibile che si esprime in miriadi di modalità esistenziali che sempre, però, rivelano comunione d'amore.

Si può gioire anche soffrendo, non masochisticamente, bensì partecipando alla consapevolezza di un soffrire che, essendo comune retaggio degli uomini, ci unisce allo stesso soffrire di Cristo che continua in noi la sua passione per il mondo.

Si può gioire facendo della trasparenza gioiosa una vera e propria scelta di campo dell'esistenza che ci pone dinanzi agli altri e alle situazioni, pur nella realtà di esse, con lo sguardo di una fede adulta che ci fa guardare sempre oltre.

Ugualmente si può gioire con il sorriso spensierato di una serenità interiore che ci faccia vedere ogni cosa nell'ottica di Dio e dei suoi tempi, evadendo dalla frenesia dei tempi moderni e dell'immediato che molte volte ci distolgono dall'essenzialità delle cose semplici.

Se la pienezza della gioia ci appartiene, qui in terra e ancora più nel cielo, viviamo non dimenticando che la vita cristiana è anche questo!

> Io ho dato loro la tua parola e il mondo li ha odiati, perché non sono del mondo come io non sono del mondo. Non ti chiedo che li tolga dal mondo, ma che li preservi dal maligno. Essi non sono del mondo, come io non sono del mondo.
>
> GIOVANNI 17,14-16

In appena due versetti la parola "mondo" viene ripetuta per ben sei volte, come un ritornello che fa da cornice alla Parola, detta, donata, da accogliere, da incarnare, da vivere, da far fruttificare. Nella simbiosi tra Gesù e i discepoli, questi, ancora una volta, con una supplica continua vengono posti dinanzi al Padre affinché li preservi dal maligno.

Il preservarci dal male, come ci ricorda una delle invocazioni della stessa preghiera di Gesù (*Non abbandonarci alla tentazione, ma liberaci dal male, Mt* 6,13), diviene la preoccupazione del Maestro, a far comprendere a noi che l'accogliere Satana nella propria vita può vanificare Dio stesso e la sua salvezza operata morendo sulla croce.

Gesù prega per questo, intercedendo continuamente a nostro favore, e si fa supplica che sostiene il cammino, la risposta, l'adesione di fede di ciascuno di noi. Dobbiamo pur riconoscere che abbiamo vitale bisogno di questa supplica di Gesù; abbiamo bisogno della sua preghiera per noi, abbiamo bisogno che ci ricordi al Padre, ma non perché egli *ci tolga dal mondo*; infatti il mondo passa ed è per noi il luogo stesso della salvezza, inoltre abbiamo la consapevolezza che Gesù rischiara la realtà del fatto che noi non siamo del mondo: *Come io non sono del mondo,* dice.

Questa frase, ripetuta per due volte, ci ricorda l'ostilità del mondo nei confronti di coloro che non cedono al maligno: *Il mondo li ha odiati*. L'odio del mondo può anche essere quantificato, perché il maligno si serve di tanti uomini e di tante situazioni della Storia, create apposta dai suoi servitori, per debellare l'opera del bene e il trionfo dell'amore.

Ma, come dicevo, il discriminante di questa rifiuto, di questo odio, di questa lotta, è la Parola non accolta. Gesù donandoci la sua Parola ci dona se stesso, parola di verità; donandoci se stesso ci rivela la nostra vocazione a essere e vivere in comunione con lui, e col Padre suo, nello Spirito Amore. La Parola di Gesù allora attesta ancora una volta che la sua persona è viva, che la sua presenza si pone dinanzi a noi, che l'ascolto delle Scritture ci pone nella vividezza dell'operare dello Spirito che ci spinge ad amare, a perdonare, a costruire la riconciliazione nella giustizia, a gioire per la sorte che ci attende, ad annunziare la salvezza eterna che diviene caparra nel tempo della nostra stessa esistenza.

*Non sono del mondo*. Quest'ultima espressione ha due soggetti: la prima volta si riferisce ai discepoli, poi a Gesù stesso. Il cristiano, riconoscendosi non del mondo come Gesù, apre alla reale possibilità che il Padre, ascoltando la supplica stessa del Figlio, possa donargli quella sapienza per vivere nella città degli uomini.

Da una parte il non essere del mondo ribadisce il non essere delle potenze del male che, molte volte, sembrano imperare in un mondo che addirittura attesta il rifiuto della Parola stessa di Dio: *Il mondo non lo ha riconosciuto. Venne fra i suoi, e i suoi non l'hanno accolto* (Gv 1,10-11). Questa cruda realtà, proprio nella preghiera accorata del Maestro ci fa ereditare invece la dimensione dell'accoglienza che è figliolanza e comunione: *A quanti però lo hanno accolto ha dato il potere di divenire figli di Dio: a quelli che credono nel suo nome* (Gv 1,12).

Dall'altra parte, infatti, il mondo che ha accolto il Figlio di Dio, cioè quegli uomini e donne che hanno riconosciuto nella fede che Gesù è il salvatore del mondo (cfr Gv 3,17s.), si pone come seme nel mondo stesso per annunciare l'amore di Dio e testimoniare che il suo amore è per tutti e per sempre.

La Chiesa, qui i discepoli, ha un compito immane ma certo: quello di essere sempre, nell'umiltà della sua presenza, nella discrezione della sua azione, nell'amorevolezza della sua parola, quel seme del Regno che orienti e porti a Cristo, cioè al salvatore dell'umanità. Le strategie umane, le organizzazioni pastorali, le iniziative di evangelizzazione e di annuncio devono tutte farsi "parola" controcorrente in un mondo che con chiarezza vuole stornare l'uomo dalla salvezza e consegnarlo nelle mani del maligno.

La preghiera di Gesù sarà, per tutti i tempi, la certezza di un pensiero, di una presenza, di un'opera che deputa la sua azione di bene e di amore, nell'umano impegno, alla forza di Dio, lo Spirito, vivificante e santo.

> Consacrali nella verità. La tua parola è verità.
>
> GIOVANNI 17,17

Ed eccoci dinanzi a un'espressione che, seppur lapidaria, è sempre stata posta come parola che addita, nell'operato di Gesù e nella preghiera di Gesù al Padre per noi, quell'amore senza misura che vuole unirci a sé.

Vi è una richiesta da parte di Gesù al Padre perché agisca nel cuore dei credenti e nelle loro vite reali: *Consacrali nella verità*.

Poi vi è come una professione di fede che pone in relazione la verità con la parola e con la vita dei discepoli: *La tua parola è verità*.

Se il Padre consacra i discepoli, come ha consacrato e inviato il Figlio suo, tale consacrazione si attua nella verità, cioè nella sua parola che, infatti, è verità.

Abbiamo bisogno di comprendere cosa ci sia dietro questa supplica di Gesù e cosa operi di fatto Dio nella nostra vita di discepoli del Maestro. In primo luogo è bene ricordare che l'essere consacrati, cioè l'essere scelti e ricolmati di quello sguardo di predilezione che poté far dire al popolo d'Israele di essere "il popolo di Dio", non è una scelta contro qualcuno, bensì una scelta che in Cristo ci pone nel mondo come lievito per tutta l'umanità; inoltre l'essere scelti, consacrati, guardati con occhi di predilezione, ripieni dello Spirito Santo amore, deputa il credente a essere inviato: consacrazione e missione sono un binomio inscindibile.

In quanto figlio di Dio, in quanto figlio nel Figlio, in quanto ripieno dello Spirito Santo amore, ogni battezzato è inviato nel mondo per una missione di testimonianza e di annuncio.

Essere consacrati nella verità significa porsi in un rapporto con Cristo, via, verità e vita, del tutto unico e personale; ma ugualmente significa porsi con la sua Parola, che è verità, in un rapporto che non ha eguali. Finché non avremo sperimentato che l'incontro con la Parola ci pone dinanzi la verità di Dio e che abbiamo bisogno di essere introdotti nella Chiesa madre e maestra per accoglierla come il grande dono del Signore per noi, non potremo mai essere e sentirci impegnati in un incontro personale con essa per scoprire ciò che il Signore stesso vorrà donarci.

La Parola deve essere accolta come una presenza, e la presenza di Gesù deve guidarci sempre più a un ascolto che diventi esperienza, partecipazione, coinvolgimento, per una risposta a quella volontà di Dio che non passa dai nostri capricci ma, verificandosi costantemente con la Parola donataci nella Chiesa, saprà accogliere la novità di Dio per noi, che il suo Spirito ci suggerisce.

L'essere consacrati in Gesù, via, verità e vita, ci farà ritrovare il senso profondo, e molte volte tutto da scoprire, del significato di ogni "sillaba" dell'Evangelo, ci farà guardare alla risposta di fede non come a qualcosa di estrinseco e scontato, ma come a un reale cammino di conformazione al Signore Gesù, inviato nel mondo per salvare l'umanità.

Se non possiamo scindere consacrazione e missione, ugualmente dobbiamo ritrovare, in sinergia, il nostro offrirci e il nostro offrire in una consequenzialità che ci fa sperimentare l'essere impegnati a configurarci sempre più a Cristo Signore.

> Come tu mi hai mandato nel mondo, anch'io li ho mandati nel mondo. Per loro consacro me stesso, perché siano anch'essi consacrati nella verità.
>
> Giovanni 17,18-19

Si affermava che consacrazione e missione sono consequenziali. Gesù infatti si pone in questa logica la quale, se è del Maestro, deve essere ugualmente del discepolo. Al termine della sua esistenza, come vero testamento, ci viene dato il compito di riscoprirci in missione, cioè "inviati per".

Assistiamo molte volte al rifiuto preconcetto dell'opera di evangelizzazione che, nei mille modi in cui essa si potrà concretizzare, viene testimoniata nel mondo; non si comprende a fondo che ciò è insito nel nostro essere battezzati, nel nostro ritrovarci inviati perché appunto figli di Dio. Se questo non significa arrogante pretesa di trionfalismi e di imposizioni di vedute e di idee, significa però tenacia e costanza, fatte anche di silenzio e di presenza, che sappiano veicolare un *essere nel mondo* che viene vissuto nello stile della vita stessa di Gesù.

Gesù inviato dal Padre: *Come tu mi hai inviato nel mondo.*

Il discepolo inviato da Gesù: *Anch'io li ho mandati nel mondo*; e riprendendo il nesso già attestato nel precedente versetto: *Per loro consacro me stesso, perché siano anch'essi consacrati nella verità.*

Ritorna la necessità di ritrovarsi inviati perché consacrati e l'essere consacrati in quanti inviati, una consequenzialità che ci fa toccare con mano l'opera dello Spirito di verità che consacra e dona vita, che plasma nel cuore del credente quella modalità esistenziale che è propria di Gesù stesso; una risposta che ci fa ritrovare attenti al suo operare in noi, nella verità del suo agire che ci accomuna, nella verità dell'essere consacrati e nella verità dell'essere inviati.

Gesù è consacrato, è inviato, ma è anche lui stesso a consacrarsi per questa missione, che è poi quella della salvezza. Il Figlio di Dio sa della necessità di porsi nel mondo in questa logica, che è poi quella del Padre, la fa sua e la vive come risposta d'amore. Tale risposta non è inclusiva ma diffusiva – *perché siano anch'essi* – come a ricordare, a noi che ascoltiamo e accogliamo la Parola di salvezza, che il nostro essere consacrati dall'Amore per amare trova la sua ultima conseguenza e la sua ultima motivazione nella vita di Gesù, nell'esistenza del Maestro, nelle modalità pratiche della sua vita che ci testimoniano come vivere nella verità, come essere perfetti nella verità, come testimoniare, fino alle ultime conseguenze, la verità.

Tutto ciò deve aiutarci a ritrovarci nella logica di Gesù che, in pratica, corrisponde a quella visione di fede della Storia e della propria vita che ci assicura, nella presenza dell'operare dello Spirito santificatore, quei risvolti di imprevedibilità che lo stesso Spirito potrà richiederci, ma sempre nella logica dalla vita vissuta dal Maestro.

Il meditare e custodire nel cuore le parole del Signore diverrà la sola conclusione di serenità e di pacificazione interiore che potremmo addurre dinanzi ai mille problemi della vita, certi che, come altrove ha già detto Gesù, se hanno perseguitato, amato, odiato, rifiutato, condannato, ucciso il Maestro, così faranno del discepolo.

Questa "sorte", anche se può sembrare crudele proprio alla luce di una Parola che è profezia in atto, presenza dell'operare dello Spirito che "trascrive" la Storia come salvezza per l'umanità, deve invece farci accogliere la logica di Cristo come sola risposta sensata che potremmo dare alle sorti del mondo.

Guardare e operare secondo i dettami dello Spirito Santo diverrà allora non solo risposta alla logica del Maestro, ma certezza di corrispondenza al volere del Padre che, esulando da puerili risvolti di consolanti adesioni, quasi scontate e parziali, ci aiuterà a porci dentro i gangli della Storia con la nostra esistenza, forti della testimonianza che la nostra stessa vita darà all'operare di Dio nel mondo.

Non vi sono certezze di risposte, ma consapevolezza di poterci abbandonare nella fede che diviene l'unica risposta alle situazioni della nostra vita, certi che il Signore cammina con noi e ci indica, tramite la sua Parola e i dettami del suo Spirito, la strada da percorrere con fedeltà e amore.

Dobbiamo confessarlo: difficilmente troviamo uomini che sappiano vivere nella stessa logica di Gesù; la vita del credente in Cristo dovrebbe dire, chiarirci, che la storia che conduciamo non è il baratro del tempo da sopportare ma l'unica possibilità da godere nell'esistenza per rispondere come ha risposto Gesù al volere del Padre, per la salvezza nostra e altrui. Lo Spirito illumini e guidi sempre più mente e cuore per ritrovarci, serenamente e gioiosamente, in questa consequenzialità che dà senso alla nostra stessa esistenza.

Non prego solo per costoro, ma anche per coloro che crederanno in me mediante la loro parola: che tutti siano uno come tu, Padre, in me ed io in te, affinché il mondo creda che tu mi hai mandato.

GIOVANNI 17,20-21

*Che tutti siano uno.* La preghiera di Gesù. La preghiera di sempre, la preghiera della Chiesa, la preghiera dell'unità. Dietro alla consolante certezza che Gesù prega per noi, dovremmo scorgere la responsabilità del prosieguo dell'opera di Gesù.

*Non solo per costoro, ma anche per coloro che crederanno in me.* Come non sentirci interpellati? Queste espressioni sono rivolte a ciascuno di noi, in qualsiasi tempo della Storia. Siamo credenti in lui tramite l'annuncio della Parola da parte degli Apostoli, mediante la loro parola. Non possiamo dimenticare che alla fede si arriva dopo l'annuncio della Parola, da accogliere e in cui credere, che crea quel rapporto del tutto unico e singolare tra chiamante e chiamato che ci fa accogliere come motivazione della nostra stessa esistenza il volere di Dio, Gesù, per noi.

*Che tutti siano uno.* La misura di questa unità è alta, non si accontenta di logiche umane, non si colloca in strategie di palazzo, non si traduce in risvolti di umane vedute che, molte volte, diventano miopi visioni che non vanno oltre a ciò che umanamente si può intuire o vedere.

*Che tutti siamo uno come tu, Padre, in me ed io in te.* Vi è un abisso di senso da scoprire dietro a queste espressioni: come potremo mai comprendere? Come potremo mai capire il loro vero significato al di fuori della "logica" del Maestro?

L'unità pregata non è fondata su vedute umane ma sulla divina comunione tra il volere del Padre e quello del Figlio che lo accoglie e lo vive, lo testimonia e lo annuncia, lo incarna e lo dona. Proprio per questo, più che disperarci per la non unità dovremmo confidare nella logica dell'unità di Dio, che si compirà nel suo volere come e quando vorrà. Certo, questo non significa essere patrocinatori di divisioni e attendere dal cielo strali divini che compongano le fratture; credo invece che sia un invito a essere sempre più uomini e donne di fede adulta che, impegnati con la preghiera, che è l'unica strada da intraprendere per l'unità del genere umano, e guardando a Cristo, sanno di poter individuare in lui colui che ci fa ritrovare, tutti insieme, in un cammino verso l'unità che Dio stesso ha posto nel cuore di ciascuno uomo.

Queste espressioni diventano confortanti e ricche di speranza. Non dimentichiamo infatti che questa unità è posta in essere a testimonianza dell'invio del Figlio nel mondo: *Che tutti siano uno come tu, Padre, in me ed io in te, affinché il mondo creda che tu mi hai mandato.* La certezza dell'unità, che nessuna divisione umana potrà mai intaccare, è l'essere uno del Padre e del Figlio; questa unità diviene la testimonianza dell'amore di Dio per l'uomo e della vicinanza di Dio nel tempo della storia. L'unità si costruisce anche con la nostra conversione alla Parola di Dio e non soltanto con la pretesa di poterci incontrare perché credenti nell'unico Dio.

*Come tu.* Anche in un altro passo impegnativo ritroviamo questa parola: *come*. Proprio all'inizio di questa sezione, dinanzi al comandamento nuovo Gesù propone ai suoi l'amore reciproco proprio sul suo esempio: *Anche voi facciate come io ho fatto a voi* (Gv 13,15). Lo spessore dell'impegno ecumenico per l'unità si riscontra in quella carità che si trova realizzata in Gesù e che il discepolo, fedele, cerca di continuare nella propria risposta d'amore al Signore. Confidiamo nella fede di tanta gente semplice, con la certezza che la santità di una persona salva il mondo; sia ciò monito e sprone a un impegno fattivo di piena configurazione e conformazione al volere di Dio, che Cristo ci detta e che lo Spirito ci pone nel cuore. Direi che è molto bello ritrovarsi nella sintonia del *come* di Gesù, guardare a lui e su di lui misurare le nostre azioni, arricchirci della sua esperienza – parola, sacramenti, carità – per riscoprirci sulla stessa linea di risposta; sentirci ripetere che il "fare" – frutto del nostro essere – è la risposta più concludente e vera che ciascuno di noi potrà addurre dinanzi alle scelte che quotidianamente ci competono.

L'essere uno in Cristo Gesù passa per le piccole cose di ogni giorno, ci chiede di accogliere l'altro con sguardo di bontà, senza pregiudizio di sorta; ci chiede di raccogliere l'eredità di tanti uomini e donne che, lungo i secoli e ancora oggi, si sono spesi affinché la fedeltà all'Evangelo di Cristo passi attraverso la testimonianza che costruisce la comunione e che ci orienta sempre più verso il fine del nostro cammino che è Dio stesso.

Impegniamoci, quotidianamente, a pregare per l'unità. Oggi la comunione della Chiesa e nella Chiesa passa attraverso la preghiera di tutti e di ciascuno, con umiltà, fede e fiducia. Tante volte, specie in questi ultimi tempi, sul versante dell'ecumenismo, inteso come passione per l'unità della Chiesa, si sentono tante notizie incoraggianti. Se comunque non ci si pone nella logica della preghiera di Gesù che, al termine della sua vita, prega perché tutti siano uno donando se stesso e ponendosi nel volere del Padre che ci vuole uno in Cristo, potremmo perdere il vero senso del ritrovarci nella sua Chiesa.

Lo Spirito ci suggerisca sempre vie nuove per andare incontro all'altro e ci dia la *parresia* – la franchezza – per una testimonianza che ci faccia tutti crescere nella carità.

Io ho dato loro la gloria che tu hai dato a me, perché siano uno come noi siamo uno: io in loro e tu in me, perché siano perfetti nell'unità, e il mondo riconosca che tu mi hai mandato e li hai amati come hai amato me.

GIOVANNI 17,22-23

Gesù insiste. Abbiamo bisogno di essere uno in lui, anzi in loro. Ardua prospettiva dinanzi alle nostre miserie umane che, frutto del nostro egoismo, il più delle volte ci impediscono di comprendere che Dio, forse, vede le cose in modo diverso da come le vediamo noi.

*Siano perfetti nell'unità.* L'arrivare a questa meta ideale è frutto solo ed esclusivamente dell'accoglienza di quel volere del Signore che passa attraverso la sua stessa esistenza, da accogliere e vivere. Questa significativa frase dell'Evangelo precede l'altra: *Io ho dato loro la gloria che tu hai dato a me, perché siano uno come noi siamo uno.* Sì, diciamolo francamente, ci vuole proprio poco... Bisogna porsi in sintonia con il Signore! Serve talmente poco che non arriviamo a ripeterlo di continuo, a ricordarcelo nelle nostre scelte, a porlo come verità nei nostri rapporti.

Dovremmo chiederci il motivo di tanta difficoltà. Dobbiamo chiedercelo per allontanarci dalle nostre pretese di verità infallibile che creano visioni e pregiudizi alquanto "privati", non essendo capaci di far spazio alla novità dello Spirito.

Ripieni della gloria che Dio ha dato allo stesso suo Figlio e che ci viene partecipata da Gesù, viviamo immersi nella Storia come tempo di Dio che riconosce e canta la sua benefica presenza e si pone nel nostro animo come un compagno di viaggio, in cammino con ciascuno di noi.

*Io in loro e tu in me.* Espressione bellissima! Il Signore è con noi e chi potrà essere contro di noi, si domanda Paolo, scrivendo alla comunità dei Romani (cfr Rm 8,28-39), chi ci potrà mai separare da Cristo Gesù? Chi? Ripetiamo anche noi che *tutto concorre al bene* e che dunque dobbiamo avere occhi e cuore sempre nuovi, per saper cogliere Dio all'opera anche nella nostra vita. Domandiamocelo! Forse molte volte siamo noi stessi ad allontanarci perché increduli dinanzi a un Dio così vicino a noi che è parte di noi, che è in noi, che vuole che siamo un'unica cosa con lui. Il referente è il Padre. Il rapporto che Gesù ha col Padre, che a noi è chiesto non certo di capire ma di accogliere come dono di rivelazione, deve divenire il "luogo" della nostra risposta alla santità della vita. Se siamo col Signore allora arriviamo a essere, anche se non ce ne accorgiamo, perfetti nell'unità!

*Perché siano perfetti nell'unità.* La supplica di Gesù è tenace, è continua, è accorata. Così ci vede e ci vuole lui, per questo siamo nel mondo e per questo prende significato qualsiasi testimonianza nel mondo stesso. L'essere perfetti non è sforzo volontaristico che ci consuma, bensì dono elargitoci da far emergere come risultante della nostra risposta al suo volere. L'essere perfetti, come un'alchimia da tenere sempre sotto controllo, stabilisce un rapporto col mondo intero: affinché *il mondo riconosca*. La vita diviene specchio di una presenza che è la nostra vita perché è nella nostra vita. Il mondo non può che riconoscerlo, nella testimonianza di ciascuno di noi.

La testimonianza si fa annuncio di una presenza: *Il mondo creda che tu mi hai mandato*. Testimoniamo che la scelta di Dio di farsi uomo, come Gesù ci testimonia, apre una luce nuova sul volto di ogni uomo, tanto che questo diverrà, come diceva Giovanni Paolo II, «la via della Chiesa». Se saremo capaci di percorrere la via che Dio, in Gesù, ha percorso per l'uomo, la testimonianza della nostra vita sarà efficace.

*Li hai amati come hai amato me*. Non so cosa potremmo volere di più. Se meditassimo un po' più spesso queste parole dovremmo rimanere estasiati dinanzi all'amore di Dio per noi, che è da sempre, prima, durante e dopo la vita dell'umanità, la vita del primo uomo, la vita dell'uomo nuovo, la vita di ogni uomo, la nostra vita, la mia vita, la vita dopo di me.

L'eloquenza dell'amore di Dio per noi si è fatta persona sul volto d'amore di Gesù che, rivelandoci il volto del Padre, nella forza dello Spirito ci dà quella forza divina per poter percorrere la sua stessa strada, come abbiamo già detto. Siamo amati nel Figlio, siamo voluti in lui, siamo chiamati ad amarci reciprocamente riconoscendo sul volto di ciascuno le sembianze del vero volto dell'uomo, che è quello stesso di Cristo. L'amore allora non diviene un sentimento platonico ma una reale risposta che ci pone dinanzi ai fratelli: i loro bisogni sono i nostri, le loro gioie le nostre, i nostri desideri i loro, il nostro aiuto l'essere per loro.

In fin dei conti, se ci riflettiamo bene, la comunione non è altro che questo guardarci con gli occhi di Dio, questo vivere il tempo in prospettiva dell'eternità, questo impegnarci, in un aiuto reciproco, a costruire un mondo sempre più solidale.

Ritorna il *come*, l'amore del Padre per noi si pone nella continuità dell'amore per il Figlio. Questo, se ci dà certezza di un amore che è per ogni uomo, ugualmente ci ricorda come ognuno di noi deve poter corrispondere a tale amore guardando e imparando da Gesù stesso. A noi la responsabilità, nel mondo, di testimoniarlo, di annunciarlo, di dirlo con la nostra stessa vita.

> Padre, voglio che dove sono io siano anch'essi con me, affinché contemplino la mia gloria che tu mi hai dato, perché mi hai amato prima della creazione del mondo. Padre giusto, il mondo non ti ha conosciuto, ma io ti ho conosciuto e costoro hanno riconosciuto che tu mi hai mandato. Io ho fatto conoscere loro il tuo nome e continuerò a farlo conoscere, affinché l'amore con cui mi hai amato sia in essi, ed io in loro.
>
> Giovanni 17,24-26

Siamo alla fine della preghiera di Gesù e in questi versetti conclusivi, continuando la riflessione precedente, ci ritroviamo nella logica dell'amore che costruisce la comunione. La preghiera non riguarda soltanto un'intesa che si concretizza sulla terra, bensì una comunione, che ci apre il cielo: *Voglio che dove sono io siano anch'essi con me*.

Un volere che attesta che la verità di ciò che si chiede si compie, un volere che pone in comunione, nell'eternità senza tempo, come il Padre e il Figlio così i discepoli e Loro. La finalità di questa richiesta sta nell'espressione che segue: *Affinché contemplino la mia gloria*. Ma ben possiamo comprendere che ciò ci dice con chiarezza che la vera preoccupazione di Gesù siamo noi, che dobbiamo corrispondere, che dobbiamo accogliere, che siamo chiamati a porci sulla stessa lunghezza d'onda.

Questo connubio d'amore che dalla terra continua in cielo ci rivela la divinità stessa di Gesù e la sua preesistenza, che cogliamo nell'espressione: *Perché mi hai amato prima della creazione del mondo*. In questo *prima* il Cristo, unica cosa col Padre, si pone come archetipo della stessa creazione, in particolare della creazione dell'Adamo biblico – uomo e donna – creati a *sua* immagine e somiglianza (cfr Gen 1,27).

La preghiera si fa confidenziale: *Padre giusto*. Il Padre opera la giustizia perché giusto, in lui non possiamo trovare particolarità e preferenze umane; il suo essere giusto diviene la maggior garanzia per saper cogliere la verità del suo operare. Il giusto è anche buono – *nessuno è buono se non Dio solo* (Mc 10,18) – in Dio, nel Padre.

Rimane difficile "conoscere" il Padre, anzi Gesù dice chiaramente, in riferimento al mondo e all'atteggiamento di rifiuto che abbiamo già trovato in altri passaggi: *Il mondo non ti ha conosciuto ma io ti ho conosciuto*. E se solo questo basta per ricordarci da dove proviene Gesù e quale sia il suo rapporto di figliolanza con il Padre, ugualmente ci ricorda che tutto quello che possiamo sapere del Padre deve venire da Gesù, deve esserci rivelato dal suo Spirito d'amore. Il fatto che riconosciamo che Gesù viene dal Padre diviene il primo passo per porci in questa sintonia.

Il ritrovarsi in questa continuità di conoscenza – *ho fatto conoscere... Continuerò a farlo conoscere...* – diviene garanzia di una continuità che ci interpella e ci responsabilizza. Ma dalle parole che seguono ci accorgiamo che questo impegno non è impegno umano, non è diffusione pubblicitaria, non è lavorio intellettuale... No! Siamo dinanzi a un impegno che può essere tale solo se colto nella ricchezza di una risposta di fede che ci colloca dentro il mistero stesso di Dio, con trepidazione ma con gioia: *Affinché l'amore con cui mi hai amato sia in essi ed io in loro*.

Solo la logica dell'amore, dell'amarsi a vicenda, da parte del Padre e del Figlio, del Maestro e dei discepoli, diviene la logica che si fa vera testimonianza da portare nel mondo. Lui stesso saprà come manifestare questa testimonianza, lui stesso la porrà nel cuore di chi riterrà opportuno; a noi la responsabilità, da vivere nella fede, di una risposta di amore che è accoglienza dello stesso amore del Padre per il Figlio e che è dono del Figlio per l'uomo: in poche parole che è Spirito Santo, vivificante e buono, donatoci e da donare.

Possiamo scorgere un filo rosso in questo cammino che vede da una parte la rivelazione del Padre grazie al Figlio, il rapporto intrinseco che tale rivelazione pone nella comunione tra Gesù e i discepoli, e dall'altra l'opera del Paraclito come realtà d'amore, che unifica tutti gli ambiti, testimonia l'amplesso d'amore tra le Persone divine e dà senso al rapporto tra creature e Creatore; quest'ultimo, nello Spirito, prende il volto di Gesù, capo e corpo, Chiesa compiuta e da compiersi.

Questo ci fa intravedere come nell'evangelo di Giovanni la Chiesa si faccia presente e debba essere accolta come comunità d'amore animata dallo Spirito che testimonia al mondo l'amore del Padre, incarnato e testimoniato dal Figlio. I discepoli si pongono in questa continuità ecclesiale e dopo gli Apostoli, colonna e fondamento della città di Dio, ci prepariamo oggi anche noi, che vogliamo abbeverarci all'Evangelo di Cristo, a essere suoi testimoni, portando con l'amore verso ogni fratello la sua presenza che addita il fine: Dio, il Padre!

# Conclusione

L'evangelo di Giovanni nei suoi capitoli 13-17, vero cuore di tutto il testo, diventa motivo per metterci di fronte alla Parola del Signore nella sua logica di vita e di risurrezione, di unità e di preghiera, di carità e comunione, di servizio e di offerta, di figliolanza e di dono (Spirito).

La sua logica, quella di Gesù, che ci fa conoscere il volere del Padre, l'operare del Padre, i "pensieri" del Padre.

Una logica che ci rivela il significato dell'operare dello Spirito, del Consolatore, del Paraclito, del santo e vivificante Soffio di Dio, dell'azione del "dito" dell'Onnipotente che ricrea ogni cosa e che col senno della profezia che si compie ci svela e ci fa comprendere – compenetrare – le stesse parole del Signore.

L'accoglienza di una logica che ci pone come Chiesa – comunità di figli amati – dentro il mondo, affinché il mondo creda, si salvi e partecipi della stessa logica di coloro che, come discepoli scelti e amati, hanno riconosciuto in Gesù il Maestro e Signore.

Dobbiamo avere fame di Parola di Dio, di Vangelo, come pane fragrante che si attende di assaporare, come nutrimento necessario per andare avanti, come esperienza forte che ci rivela il mistero stesso di Dio e dell'uomo.

Molte volte si parla di questi versetti dell'Evangelo come di frasi non molto facili da comprendere, come di un discorso che ha bisogno dell'interpretazione di uomini e donne "iniziati", che hanno già fatto un determinato cammino; se questo è vero da un certo punto di vista, dall'altro tutti i credenti, come uomini e donne di fede, si pongono nella semplicità e nella verità dinanzi al Vangelo non per farne dell'erudizione ma per incontrarsi con una Persona che li faccia vivere bene, senza paure, senza dubbi, senza rimorsi. Se saremo capaci di andare al Vangelo, e dunque anche a queste pagine, con *gli stessi sentimenti che furono in Cristo Gesù* (Fil 2,5), anche noi cresceremo negli stessi sentimenti e ci adopereremo per una vita che sia giusta, buona e bella.

Siamo consapevoli che la vita a volte ci porta su strade che non corrispondono ai temi così particolari e profondi che questi capitoli dell'Evangelo ci propongono; ma dobbiamo pur comprendere che se continuiamo a "ragionare" come il mondo, per usare la stessa espressione di Giovanni, ci ritroveremo sempre al di fuori della sintonia della verità e del bene.

Dobbiamo coltivarci nella fede e per far questo non possiamo trascurare di incontrare, ogni giorno, una pagina del Vangelo, non certo per conoscere che cosa è avvenuto a Gesù, ma per imprimere nel nostro cuore la volontà di Dio che dal Vangelo nasce e che deve tradursi in scelte concrete e puntuali.

Proprio dal discepolo amato potremmo prendere l'esempio di colui che sa ascoltare, pur nella sofferenza della piena consapevolezza degli eventi e di quello che questi rivelanno sia al suo amato Signore che a lui e ai suoi compagni. Giovanni infatti, sotto la croce, ci testimonierà la Chiesa intera che si pone a testimone della morte del proprio Signore di fronte al mondo, con verità: *Chi ha visto* – dirà – *dà testimonianza e la sua testimonianza è vera; egli sa che dice il vero, perché anche voi crediate* (Gv 19,35).

Anche noi vogliamo credere, vogliamo accogliere la testimonianza della parola dell'Evangelo, vogliamo entrare, ma non da inermi spettatori, dentro lo "spettacolo" dell'evento della croce di Cristo (cfr Lc 23,48) e poter partecipare alla sua sorte nella certezza della risurrezione. La pasqua questo ce lo ricorda. Questi capitoli sono stati proprio le parole che durante la pasqua, l'ultima pasqua che Gesù visse con i suoi, Gesù ci ha lasciate come testamento: a noi di accoglierle, di viverle, di donarle ai fratelli con la nostra vita vissuta.

Non possiamo che ricordarci, come Chiesa di Cristo, che se il Vangelo è una Persona da incontrare, ugualmente nel Vangelo ritroviamo la verità da accogliere, per confrontarci e convertirci.

Vi è una simbiosi, uno scambio, una reciproca attenzione del bisogno di andare a lui, al Vangelo: per ascoltarlo, per accoglierlo, per viverlo e ugualmente, incontrandosi la verità che è Gesù, ritrovandosi in lui, per donarlo ai fratelli.

Chiediamo allo Spirito consolatore che ci faccia intuire, interiormente ed esteriormente, la novità che detta a ciascuno di noi, per crescere nella comunione e testimoniare al mondo il suo amore.

# Indice

# Della stessa collana

## Sinfonia della Parola

Autore: Frédéric Manns
Prezzo: 18,00 euro
Pagine: 232

## Beata Colei che ha creduto

Autore: Frédéric Manns
Prezzo: 17,00 euro
Pagine: 160

## Saulo di Tarso (II edizione ampliata)

Autore: Frédéric Manns
Prezzo: 16,00 euro
Pagine: 158

## Con me, in paradiso!

Autore: Matteo Crimella
Prezzo: 12,50 euro
Pagine: 116